'만남과 사귐'의 성경 해석학을 위한 해설서

코이노니아 성경 해석 가이드북

(KoBS; Koinonia Bible Study)

'만남과 사귐'의 성경 해석학을 위한 해설서

코이노니아 성경 해석 가이드북

채영삼 지음

초판 1쇄 발행 2017년 9월 5일
초판 2쇄 발행 2018년 2월 21일

발행처 도서출판 이레서원
발행인 문영이
출판신고 2005년 9월 13일 제2015-000099호

기획 이혜성
편집 송혜숙, 오수현
영업 박생화
총무 곽현자

경기도 고양시 일산동구 중앙로 1160 오원플라자 801호
Tel. 02)402-3238, 406-3273 / Fax. 02)401-3387
E-mail: Jireh@changjisa.com
Website: Jireh.kr / Facebook: facebook.com/jirehpub

책값은 표지에 있습니다.
ISBN 978-89-7435-492-3 03230

이 도서의 국립중앙도서관 출판예정도서목록(CIP)은 서지정보유통지원시스템 홈페이지(http://seoji.nl.go.kr)와 국가자료공동목록시스템(http://www.nl.go.kr/kolisnet)에서 이용하실 수 있습니다. (CIP제어번호: 2017020668)

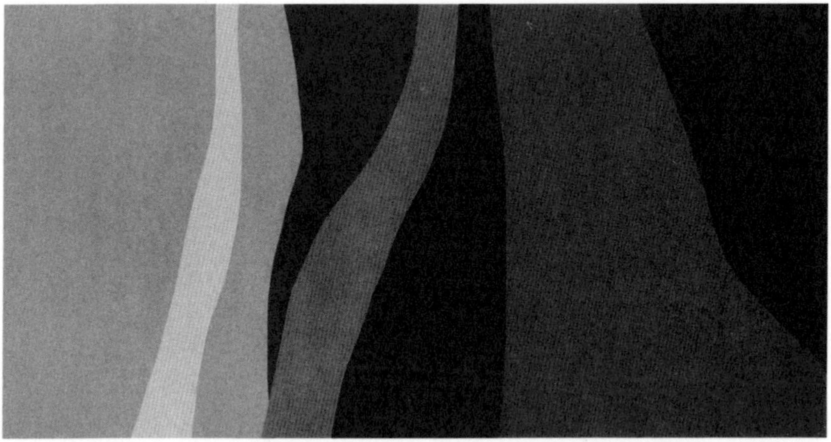

'만남과 사귐'의 성경 해석학을 위한 해설서

코이노니아 성경 해석 가이드북

KoBS; Koinonia Bible Study

채영삼 지음

이레서원

3.15. 문법과 구문(syntax)의 이해

3.16. 본문 전체의 구조(structure)

(b) 본문 안의 단어, 표현, 개념의 역사적 배경을 찾아보고 그 의미를 설명하시오.

3.17. 성경사전, 신약(구약) 배경 주석을 통해 역사적 배경 확인

3.18. 본문의 세 가지 필수적 차원

(c) 본문의 문맥, 그리고 이전 문맥과 이후 문맥을 살펴보고, 어떻게 흘러가는지 설명해 보시오.

3.19. 문맥, 저자의 생각의 흐름

3.20. 문맥의 논리를 재구성

3.21. 더 큰 문맥의 흐름 속에서

3.22. 본문을 문맥에서 분리시키는 위험성

(d) 성경 안에서, 신약이나 구약의 어떤 본문들과 연관되는지 그 연관성을 찾고 설명해 보시오.

3.23. 성경 전체의 문맥, 하나님의 일관된 계시

3.24. 신약의 다른 본문들과의 연관성

3.25. 약속과 성취

3.26. 신구약에 나타난 유기적이고 점진적인 계시

3.27. 성경신학적 안목

3.28. 조직신학과 교회사의 도움

어떤 성경 해석 방법론이며, 어떻게 하는 것인가?

이 작은 책은, 필자가 성경을 배우면서부터 사용하고 발전시켜 왔던 성경 해석법을 정리한 내용이다. 성경 해석학을 본격적으로 다룬 이론서는 아니다. 그런 방대한 작업은 추후로 미루고, 우선은 필자가 '코이노니아 성경 연구'(코비에스, KoBS; *Koinonia Bible Study*)라 부르는 성경 해석 방식을 설명하는 간결한 안내서이다. 주로 신학생들이 실제로 연습하고 훈련할 때에 성경 해석의 기본적인 지식과 태도를 갖출 수 있게 하는 이런 가이드북이 절실했다.

'코이노니아'가 '사귐'을 뜻하듯이, '코이노니아 성경 해석법'은 요한일서 1:1-10에 근거한 '만남과 사귐'의 성경적 원리에 기초해 있다. 후에는 '만남의 해석학'이라는 제목으로, 성경 해석학의 다양한 이론을 정리한 책을 쓸 계획이 있다. 그때까지는, 간략하나마 그런 '만남의 해석학'적 원리에 기초한 성경 해석 방법을 실용적으로 정리하는 것이 좋겠다고 생각했다.

하지만 성경 해석에 관한 이 작은 안내서는, 단순히 '코이노니아 성경 연구'라는 이름의 성경 해석의 단계들을 형식적으로 설명하는 것에서 그치지 않는다. 기계적인 설명서가 아니라, 개념적인 설명서라 해야 할 것 같다. 나중에 세세히 분류해서 폭넓게 다루고 논증해야 할 내용들이 많이 포함되어 있다. 하지만 우선은 성경 해석이라는 도전적인 과제를 안고 있는 해석자들을 돕고 격려하는 조언의 형태로, 가능한 한 강의실에서 강의한 내용을 서술하듯 실용적이고 쉽게 설명하고자 했다.

성경을 해석하는 해석자가 '코비에스'라는 이 방식을 따라 해 보려 한다면, 각 단계마다 폭넓게 주어진 조언들을 여러 번 참고하여 실제로 시도해 보고, 또 참고하고 다시 시도해 보는 식으로 꾸준히 연습해야 할 것이다. 그렇게 하면 성경 해석에 있어 바람직한 진보가 있을 것으로 믿는다. 그렇다면 '코비에스'란 무엇인가? 어떻게 하는 것인가? 지금부터 설명하는 이 짧은 해설서에는 다음과 같은 내용들이 포함된다. 첫째, 왜 '코비에스'를 만들게 되었는가? 둘째, '코비에스'의 특징은 무엇인가? 셋째, '코비에스'는 어떻게 하는 것인가?

그리고 부록으로, 실제 코비에스 질문지를 첨부하였다. 서신서와 같은 강화체(Discourse)를 위한 질문지와 사건을 서술하는 이야기체(Narrative), 두 가지이다. 독자들은 제시된 질문지를 기초로 자신에게 맞는, 더 나은 질문지로 발전시킬 수도 있을 것이다.

1

왜 '코비에스'를 만들게 되었는가?

Koinonia Bible Study

'말씀을 스스로 먹고 나누어 줄 수 있는 사람'

1.1. 영적 생명을 받은 성도

하나님의 말씀과 성령으로 거듭나 영적 생명을 받은 모든 성도는 지속적으로 하나님의 말씀을 먹어야 한다. 단지 영적으로 생존할 필요 때문만이 아니라, 성장하기 위해서는 반드시 말씀의 생명이 지속적으로 공급되어야만 한다. 우리가 예수 그리스도를 믿음으로써 받은 영적 생명은 저절로 자라지 않는다. 반드시 하나님의 말씀의 생명이 공급되어야만 한다. 먹지 않고 자라는 육체가 없듯이, 하나님의 말씀을 규칙적이고 지속적으로 먹지 않고 자랄 수 있는 영적 생명은 없다(벧전 1:23-25, 2:1-2).

1.2. 영적 생명의 성장을 위해

하지만 현실은 너무 척박하다. 많은 성도가 주일 하루 강단에서 나오는 설교를 먹고 살아간다. 영적 건강에 유익한 핵심 영양소가 풍부한 설교라 해도, 그것으로 성도의 평생의 특권과 사명을 다하기에는 부족하다. 하물며 말씀에서 빗나간 설교이랴. 그것으로는 영적 생명이 존속되기도 어렵다. 많은 질병에 걸릴 것이다. 그래서 영적 건강을 유지하고 더욱 적극적으로 영적 생명을 누리며 사명을 다하고자 하는 성도는 한 걸음 더 나아가, 성경을 '통독'하거나, 성경 구절들을 '암송'하고 '묵상' 하는 일, 또 정기적으로 '큐티'(Q.T.; Quite Time)를 하기도 한다.

1.3. 규칙적이고 지속적으로

여기서 더 나아가 어떤 식으로든 복음 사역에 뛰어들었다면 그보다 더 발전된 형태인 '귀납적 성경 연구'(IBS; Inductive Bible Study)와 같은 개인 성경 연구를 시도할 것이다. 그리고 최종적으로 신학교에서는 성경을 학문적으로, 전문적으로 연구하는 '주해'(Exegesis)를 가르친다. 당신이 하나님의 말씀과 성령으로 거듭나 영적 생명을 가진 사람이라면, 하나님의 말씀을 '먹는' 이런 다양한 방식 중 어느 하나라도 규칙적이고 지속적으로 하고 있어야 한다. 그렇지 않다면 당신은 일주일에 한 번씩 죽을 먹고 연명하는 사람처럼, 굶주리고 쇠약한 그리스도인이 될 것이다.

1.4. 말씀을 중심으로 하는 사귐의 공동체

그렇다면 코비에스는, 위에서 열거한 다양한 성경 연구 방법들 가운데 어디쯤 위치하는가? 아마도 큐티와 주해 중간쯤에 위치할 것이다. 또한, '귀납적 성경 연구'와 유사하지만, 그 근본적인 해석학적 전제와 절차에 있어 다른 점들이 있다. 무엇보다 '코비에스'는 성도가 스스로 성경의 말씀을 읽고 묵상하고, 먹고, 행하고 배워서, 자기 자신만 그 말씀의 생명으로 먹고 배부를 뿐 아니라 그 말씀에서 나오는 생명의 양식을 다른 사람들에게도 나누어 줄 수 있는 능력을 갖추게 한다는 점이 중요하다. 사막에 떨어져도 하나님의 말씀만 있다면, 광야에서도 하늘의 생명 양식으로 식탁을 차릴 수 있게 하는 것이 코비에스의 목표이다. 그렇게 훈련된 사람이라면, 어디에 내놓아도 말씀과 그 말씀을 중심으로 하는 참된 사귐의 공동체, 곧 교회를 만들어 낼 수 있을 것이기 때문이다.

2

'코비에스'는 어떤 성경 연구 방법론인가?

Koinonia Bible Study

'말씀-계시를 통해 삼위 하나님을 만나는, 사귐의 공동체'

그렇다면 지금 설명하고자 하는 '코비에스'는 어떤 성경 연구 방법론이며, 그 특징은 무엇인가? 우선 '코비에스'(KoBS)는 '코이노니아 성경 연구'(Koinonia Bible Study)의 줄임말이다. '코이노니아'라는 표현은 요한일서 1:1-10에서 나오는 대로, '사귐'(κοινωνία)으로 번역되는 헬라어 단어이다. 그러므로 코비에스의 가장 핵심적인 원리는 '사귐'이다.

(A) 하나님의 말씀-계시와 해석자

2.1. 관찰이 아닌 사귐

'사귐'이란 무엇인가? 우선 '사귐'이란, '인격 간'에 일어나는 만남인데, 흔히 귀납적 성경 연구에서 '관찰'이라고 부르는 방법과는 그 전제와 원리에 있어서 결정적으로 다르다는 점이 중요하다. 성경의 말씀은 실험실의 개구리나 고고학자가 발굴하고자 하는 화석(fossil)이 아니다. 물론 성경이 문자와 역사적 자료로서 그러한 접근을 허용하고 또 필요로 하는 측면이 있지만, 성경 해석자가 성경 말씀을 대하는 근본적인 해석학적 자세는 '사귐'이어야 한다. 왜냐하면 성경은 인격이신 하나님이 자신을 말씀으로 계시하신 '말씀-계시'이기 때문이다.

2.2. 하나님의 말씀-계시

그러므로 코비에스는 성경이 '하나님의 말씀-계시'라는 사실에서 출발하는데, 그 근거가 되는 성경 본문은 베드로후서 1:19-21이다. 이 본문은 위에서 언급한 요한일서 1:1-10과 함께, 코비에스 성경 해석학의 두 기둥이다. 성경 해석자가 말씀을 읽고, 듣고, 이해하고, 먹고, 그 말씀의 생명으로 살고자 할 때, 그가 상대하는 말씀은 '하나님의' 말씀이며, 그 말씀을 통해 그가 대면하고 만나는 대상은 실험실의 개구리나 땅에 묻힌 화석이 아니라, '살아 계시며 말씀하시는 하나님' 자신이다. 그래서 성경 해석학은 그 성경을 하나님의 계시로 인정하는 한, '만남'의 해석학이 되어야 한다.

2.3. 분석이 아니라 만남의 대상

성경 해석자가 말씀을 통해 만나는 대상은 그러므로 단순한 문자들의 조합인 텍스트(text)가 아니다. 성경 해석자는 말씀이라는 '텍스트'를 마치 개구리나 화석처럼 취급하는 태도를 버려야 한다. 우리가 사람을 만나서 그 사람에 대해 알아보려 할 때, 개구리 해부하려 하듯 하지 않는다. 범죄 현장을 수사하듯 하지 않는다. 물론 성경은 '인간' 저자들을 '통해' 특정한 시대와 역사적 배경 속에서 기록되었기 때문에, 그러한 '분석'의 대상이 될 수 있다. 하지만 그것은 그 본문의 말씀 뒤에 계신 인격, 아니 그보다 더 인격적이신 하나님을 만나는 수단이라는 점을 결코 잊어서는 안 된다. 하나님은 실험실의 개구리가 아니다. 역사적, 문학적 분석의 대상으로 '환원'(reduction)될 수 없다. 훨씬, 우리가 상상하는 것보다 훨씬 그 이상으로, 초월해 계시고 또한 임재하시며 우리와 교통하시는 인격이시다.

2.4. 성령의 빛으로 비추어 주셔야

사람이 어떤 사람을 만나 그에 대해서 알아 가고자 할 때, 조사할 수 있는 것들이 있다. 생년월일, 출생지, 학력, 경력 등이다. 하지만 그 사람의 내면에 있는 이야기들, 그 사람의 본마음과 뜻에 대한 내용들은 그런 식의 분석만으로 알아지지 않는다. 거기에는 대화가 있어야 하는데, 대화는 만남과 사귐을 전제로 한다. 더구나, 상대방이 자신에 대해서 말하지 않기로 결정하면 더 이상 그에 대해서 알 수 없다. 성경이 하나님의 '말씀-계시'라는 사실은, 기록된 말씀을 우리가 마음대로 분석하면 이미 계시된 내용이기 때문에 전부 알아진다는 뜻이 아니다. 하나님의 말씀은 '하나님의' 말씀이며, 우리가 그 말씀을 이해하고자 할 때, '하나님께서' 그 자신의 영, 곧 성령으로 빛을 비추시고 깨닫게 해 주셔야 알 수 있다는 의미이다.

2.5. 질문과 대화, 사귐과 기다림

이 부분이 어렵다. 성경이 하나님의 '말씀-계시'로서 특수성을 갖고 있기 때문이다. 코비에스는 이 점에서 매우 결정적으로 다른 해석학들과는 다른 전제를 강조한다. 말씀을 분석하지만, 마치 과학자가 과학적 대상을 해부하듯이 하지 않는다. 사람이 친구에 대해서 알고자 하는 마음으로 묻고 찾아야 한다. 그리고 친구의 대답을 기다리듯, 귀 기울여 듣는 태도를 강조한다. 더구나 성경은 '하나님의' 계시의 말씀이다. 과학자에게 있어서 개구리는 실험 대상이다. 주체인 과학자가 객체인 실험 대상을 마음대로 해부할 수 있다. 하지만 인격 관계에서는 다르다. 상대방이 자신을 열어 보여 주지 않는 한, 알 수 없는 내용들이 많다. 그래서 질문과 대화, 사귐과 기다림이 필요하다.

2.6. 해석자에게 영적 지각을 주신 하나님

하나님과의 관계는 이와 같은 두 단계 즉, '나와 그것'(I and it), 또는 '나와 너'(I and You)의 관계보다 한층 더 차원이 높다. 성경 해석자가 말씀을 읽고 해석하려 할 때, 해석자는 '그것'이나 '너' 정도가 아니라, 그 해석자 자신을 '창조'하시고 '구원'하셔서 그에게 '영적 생명'과 '영적 지각'(知覺)을 '주신' 창조주요 구원주요 심판주이신 하나님 자신을 대면하는 과정 속으로 들어간다. 그러므로 성경을 해석하는 해석자는 말씀을 통해 '나와 하나님'(I and God)의 관계 속으로 들어가는데, 그 해석자인 '내가' 상대하는 '하나님'은 해석자인 나를 창조하신 분이시며, 죄와 죽음으로 부패하고 어두워진 나에게 영적 생명을 주셔서 그 영적 생명의 활동인 '영적 지각'을 통해 자신을 '알게 하시는' 분이시라는 사실을 인정해야 한다.

2.7. 해석자가 해석의 대상

그러므로 성경을 해석하는 해석자는, 해석의 대상인 성경이 갖는 '하나님의 계시'라는 특수성 때문에, 해석의 '주체'(subject)라기보다는, 말씀-계시의 주체인 하나님께서 자신을 드러내 보여 주시고자 하는 대상 곧 '객체'(object)에 가깝다. 그래서 실제로는 성경 해석자가 말씀을 해석하는 과정을 거치지만, 그 해석 과정을 통해서 해석자에게 능동적으로 자신을 드러내 보이시는 분은, 그 말씀-계시를 주셨고 또한 그 해석 과정을 통해 자신의 성령으로 조명(照明, illumination)하시는 하나님 자신이라는 사실을 명확히 알고 있어야만 한다.

2.8. 해석 대상인 말씀-계시가 주체

이것이 코비에스가, 해석의 대상인 성경을 '하나님 자신의' 계시의 말씀이라는 사실을 명확히 하는 부분이다. 첫째는, 해석의 대상인 '말씀-계시'가 주체이며 해석자인 우리가 객체라는 피동성을 인정하는 것이다. 둘째는, 그래서 더욱더 말씀을 통한 삼위 하나님과의 '사귐'을 강조하게 된다. 인격 간의 나눔과 지식은 오직 사귐을 통해서 이루어지기 때문이다. 그러므로 성경 해석자는 능동적이면서도 피동적이어야 한다. 하나님의 성령의 조명, 곧 그의 말씀을 통해 비추어 주심, 그의 말씀을 알게 하심을 간구하고 기다리는 적극적인 피동성을 갖추어야 한다. 자신이 하는 모든 연구와 분석, 질문과 조사, 능동적인 해석 활동은 이러한 근본적이고 철저한 피동성을 전제하고, 이러한 '신적(神的) 피동성'의 제한을 결코 넘지 않는 활동이어야만 하는 것이다.

2.9. 해석자의 어두운 심령

물론, 성경은 인간 저자들을 통해 특정한 시간과 공간 속에서 기록되었으므로, 해석자는 본문을 이해하기 위해서 철저한 역사적 조사와 문학적 분석을 다 할 필요가 있다. 하지만 앞서 거듭 강조했듯이, 성경은 '하나님의 말씀-계시'이다. 성경을 기록한 인간 저자들 역시, 하나님의 영에 의해 그 말씀을 전달한 것이다(벧후 1:21). 성경은 그 기록된 말씀의 출처뿐 아니라, 전달 그리고 해석에 있어서 모두 하나님으로부터, 하나님에 의해, 하나님으로 말미암아 알아지고 이해되도록 되어 있는 계시의 말씀이다. 그러므로 성경 해석자는 말씀을 철저히 연구하면서, 또한 하나님께서 그의 성령으로 해석자의 어두운 심령을 조명해 주셔서 기록된 그 계시의 말씀을 밝히 알 수 있도록 간절히 엎드려 간구하고 기도하고, 그 말씀의 빛 아래서 오래도록 기다려야 한다.

(B) '사귐'과 '기다림'의 해석학

2.10. 말씀이 아니라 자신을 보게 됨

이것이 코비에스가 말하는 해석학적 '사귐'의 시작이다. 여기서 해석학적 사귐과 역전(reversal)이 일어나기 때문이다. 하나님의 말씀-계시인 성경을 해석하는 해석자가 그 말씀을 성령의 조명 아래서 읽을 때에, 하나님의 말씀의 의미를 조명하시는 하나님의 영의 빛 안에서 가장 먼저 보게 되는 것은, 그 말씀이 아니라 자기 자신이다. 어쩌면, 말씀이 조명되는 동시에 그 말씀을 이해하게 되는 해석자가 그 빛 가운데 드러난다고 할 수 있다. 어느 것이 먼저인지는 확정할 수 없지만, 해석자 자신이 말씀의 빛 가운데 드러나는 과정은 필연적이다. 이것이 코비에스 성경 해석에 있어서 가장 중요한 단계이기도 하다.

2.11. 말씀이 빛이고 해석자가 어둠

그러므로 성경 해석에 있어서, 그 말씀의 빛으로 조명되고 해석되는 것은 무엇보다 해석자 자신이다. 말씀이 빛이고 해석자가 어둠이다(벧후 1:19). 하나님은 빛이시고, 우리가 어둠이다(요일 1:5). 여기에 성경 해석을 가운데 두고, 하나님과 해석자인 우리 사이에 참된 사귐이 일어나는 성경적, 해석학적, 영적 근거와 원리가 놓여 있다. 해석자가 빛 가운데 드러나지 않는 성경 해석은 거짓이다. 빛이신 하나님과 사귀면서 자신의 어둠이 드러나지 않는다는 것은 거짓이기 때문이다.

그러므로 성경 해석자가 말씀을 해석하면서, 그 말씀의 빛에 드러나고 그 말씀의 생명으로 치유받고 살아나는 과정이 없었다면, 그는 그 말씀을 이해한 것도 해석한 것도 아니다. 그럴 수가 없다. 하나님의 말씀은 단지, 우리가 분석하기 위한 대상으로서 주어진 것이 아니다. 그 말씀을 먹고 '살라'고 주신 것이다. 말씀은 빛이고 그 안에는 생명이 있다(요 1:4-5; 요일 1:1-5). 그러므로 성경을 해석할 때, 해석자가 가장 먼저 이해하게 되는 것은 그 말씀을 해석하는 자기 자신이다. 그 자신이 말씀의 빛 가운데 드러난다. 그리고 그는 점차 그 빛 가운데 거하며 머물게 된다. 그리고 점점 더 확연히 그 빛 가운데서 보게 된다. 말씀의 의미를 깨닫게 된다. 그리고 그 말씀을 통해서 그 말씀을 주신 하나님의 의도, 하나님의 마음, 하나님 자신을 보게 된다.

2.12. 해석학적 전이

여기서 해석학적 전이(轉移)가 일어난다. 그는 더 이상 어둠 속에 있지 않다. 그는 그 어둠 속에서 해석자의 위치에 있지 않고, 말씀의 빛을 따라 빛 가운데 거하며 하나님의 마음 안으로 들어간다. 거기에는 빛의 충만, 의미의 충만이 있다. 그는 말씀의 의미를 알되, 하나님의 마음으로부터 그 말씀의 의미를 보게 된다.

이것이 해석학적 이동(transition)이다. 성경을 해석하는 '주체'로 시작하지만, 오히려 해석의 '객체'가 되어, 해석의 참된 '주체'이신 하나님의 영역 안에 서게 되는 것이다. 곧 그 말씀의 빛 속에서 자신을 보고 하나님을 보고, 말씀을 통해 교회와 이웃과 세상을 보게 되는 전이가 일어나는 것이다. 이것이 성경 해석이다. 해석자 자신이 말씀으로 해석되는 그런 해석이 동반되는 참된 해석이다.

2.13. 기다림의 해석학

그래서 성경 해석에 있어서는 '기다림의 해석학'이 결정적이다(벧후 1:19). 코비에스가 성경 해석의 원리로서 강조하는 것들이 있다. "말씀이 내 안에, 내가 말씀 안에 오래도록 머물게 하라"든지, "본문을 주의 깊게, 여러 차례, 무언가 깨달아질 때까지 생각하며 읽으라"는 것이다. 왜냐하면 말씀이 빛이고 해석자의 심령과 삶이 어둠이기 때문이다. 그 반대가 아니다. 내 이성(理性)이 빛이고, 성경 본문이 내 이성의 빛으로 밝혀야 할 어둠이라고 생각하면, 기다릴 것이 없다. 내가 분석하고 판단하고 해석한 그대로가 그 의미가 되기 때문이다.

하지만 성경 본문이 빛이고 해석자인 내가 어둠이라면, 나는 그 본문의 말씀이 그 말씀의 빛으로 비추고 그 말씀의 생명으로 해석자인 나를 치유하고 살릴 때까지 '기다려야' 한다. 해가 떠오르고 빛이 비칠 때 그 빛 아래 오래도록 머무르면, 모든 것은 명확히 보일 뿐 아니라 몸이 따뜻해진다. 말씀의 빛 아래 서서 거기에 머무는 것도 이와 같다. 말씀과 성령을 통해 흘러오는 거룩과 긍휼로 채워지는 과정이다. 그것이 올바른 성경 해석의 태도이다. 그것이 '기다림의 해석학'이다.

2.14. 거짓 가르침을 피하는 길

그러므로 해석자가 자신의 이성의 빛으로 말씀을 비추는 것이 아니라, 말씀의 빛이 그의 어두운 이성과 감성과 죽고 병든 의지를 비추어야 한다. 해석자는 그 말씀의 빛 아래서, 마치 환자가 수술대 위에 올라 의사의 손에 자신을 맡기고 수술이 끝날 때까지 기다리듯이 기다려야 한다. 캄캄한 밤을 지나 새벽이 오고 새벽 별이 떠올라 서서히 어둠이 걷히며 더욱 온전하게 걷혀서 환한 대낮이 될 때까지, 그 말씀의 빛 아래서 '기다려야' 한다(벧후 1:19). 이것이 성경을 '내 뜻대로', '자기 정욕이 원하는 대로 비틀어서 마음대로 해석하는' 거짓 교사들의 거짓 가르침을 피하는 길이다(벧후 1:20). 이것이 성경을 하나님의 말씀-계시로 대하고 해석하는 바른 태도이다.

2.15. 해석자 자신의 치유와 성장

그러므로 참된 성경 해석에는, 해석자 자신의 치유와 성장이 포함된다. 성경을 해석했는데, 그 해석자가 말씀의 빛과 생명으로 치유받고 성장한 사실이 없다면, 그는 말씀을 해석한 것이 아니다. 말씀은 그렇게 의도된 것이 아니기 때문이다. 말씀은 해석자의 분석의 대상에 그치도록 주어지지 않았다. 하나님은 말씀으로 세상을 창조하셨다. 말씀으로 죽은 생명을 살리셨고, 말씀으로 새 하늘과 새 땅을 약속하셨으며, 그 말씀대로 이루신다. 그 말씀이 육신이 되어 이 땅에 오셨다. 하나님의 말씀은 빛이요 생명이다. 하나님의 말씀은 그 말씀을 읽고 이해하고자 하는 사람을 조명하고 또한 살릴 능력이 있는 말씀이다. 그러므로 성경 해석에 있어서 해석자 자신의 영적 성장은 필연적이고 또한 결정적이다. 하나님과 그 아들 예수 그리스도, 그의 보배롭고 크신 약속의 말씀을 '알아 가는' 자는 반드시 '신적 성품'에서 성장한다(벧후 1:2-7).

2.16. 신적 성품과 성경 해석

성경 해석자가 신적 성품에서 성장하지 않으면서 성경 해석에서 진보할 수 없다. 그런 일은 일어나지 않는다. 성경 해석은

'사귐'이기 때문이다. '사귐'은 그 사귐에 참여하는 쌍방 모두의 변화를 동반한다. 상호적(reciprocal)이다. 해석자는 변하지 않으면서, 말씀이 계속 해석될 수 없다. 말씀의 해석은 그 말씀을 이해하는 해석자의 변화를 동반하고, 해석자는 변화된 만큼 말씀을 이해하게 된다. 예컨대, 어떤 특정한 죄를 계속해서 짓고 회개하지 않으며 고집하는 해석자가 그 죄를 죄라고 지적하는 말씀을 계속해서 제대로 해석할 수 없는 법이다. 신적 성품과 성경 해석은 그래서 밀접하게 연관된다. 성경 해석은 사귐이기 때문이다. 교과서나 법조문을 달달 외워서 끝낼 수 있는 공부가 아니기 때문이다. 과학적, 수학적 공식을 외워서 문제에 적용하여 풀어 버리면 끝나는 사안이 아니다. 그런 점에서 성경 해석은 특별한 해석 과정이다.

(C) 빛과 생명, 그리고 사랑의 '공동체'

2.17. 빛과 생명의 충만

그러므로 성경 해석의 결과는 해석자 안에 빛과 생명의 충만으로 나타난다. 말씀을 통해 그 빛과 생명이 그 해석자 안에 거하게 되었기 때문이다. 빛은 본질적으로 그 빛을 발산한다. 어둠을 쫓아낸다. 생명도 본질적으로 나누고자 한다. 말씀을 통한 빛과 생명은 빛이시오, 또한 창조주이신 하나님 아버지의 사랑과 깊은 관련이 있다. 사랑도 본질적으로 나눔을 포함한다. 나누고자 하지 않는 사랑은 없다. 사랑하면 나눈다. 빛은 비춘다. 생명은 생명을 낳는다. 말씀과의 사귐을 통해 아버지의 사랑과 아들의 생명과 성령의 빛으로 충만한 사람은 나눔을 열망한다. 하나님 아버지는 그 아들을 보내심으로, 그 아들은 자신을 내주심으로, 그 아들을 받은 교회는, 그 아들과 아버지 안에서, 그 '생명의 말씀'을 나눈다. 거기에 나눔과 사귐과 그리고, '기쁨'이 충만해진다(요일 1:1-4).

2.18. 생명의 말씀을 통한 사귐

코비에스의 본질은 그래서 '사귐'이다. '생명의 말씀'이신 그 아들 안에서, 그 아들을 보내신 아버지와 함께, 빛으로 조명하시는 성령 하나님을 통해, 서로 사귀는 것이다. 사귐의 회복은 에덴동산의 회복이다. 그것은 모든 관계의 회복이다. 거기에 생명의 통치가 회복된다. 거기에 기쁨이 가득해진다. '에덴'(Eden)은 원래 '기쁨'이라는 의미이다. 하나님과의 사귐이 회복되는 곳, 거기에 기쁨이 회복된다. 거기가 새 하늘과 새 땅의 시작이며, 그것이 교회의 본질이다. 교회란, 하나님과 그 아들과 성령과의 사귐이 회복된 곳, 회복되는 곳이다.

2.19. 말씀 중심의 사귐 공동체

그리고 삼위 하나님과의 사귐이 회복되는 그 공동체의 중심에는 반드시 '생명의 말씀'이 있어야 한다. 공동체란 단순히 사람들의 모임, 조직, 집합이 아니다. 삼위 하나님이 빠지면 인간의 모임은 참된 공동체(community)가 되지 않는다. 공동체가 되려면, 연합이 있어야 하고, 연합이 있으려면, 참된 사랑이 있어야 한다. 하나님의 사랑만이 참된 사랑이다. 아버지의 참된 사랑은, 그 아들의 생명을 통해서 우리에게 주어진다. 아들의 생명이 있는 곳에, 그 아들을 보내신 아버지의 사랑도 있다. 코비에스는, '생명의 말씀'(요일 1:1)이신 그 아들 예수 그리스도를 통해 아버지와의 사랑의 사귐을 회복하는 공동체를 만든다. 그것이 코비에스, 곧 말씀이신 그 아들과의 사귐의 열매이다.

2.20. 자유하게 하시는 성령이 역사하는 공동체

거기에는 항상 그 아들이신 말씀을 조명하시는 성령께서 거하시며 역사하신다. 성령께서 그 말씀을 통해, 그 사귐 안에 거하는 각 사람 모두를 치유하시고 온갖 어둠과 죄와 허무함에서 해방하신다. 이러한 말씀과의 사귐을 중심으로 하는 공동체에는, 항상 자유하게 하시는 성령의 역사가 있다. 말씀과 성령께서 우리의 모든 어둠을 드러내시며, 동시에, 그 아버지의 긍휼, 그 사랑과 아들의 희생을 통한 대속(代贖)의 피로 씻으시고, 그의 부활 생명으로 살려 내시는 역사가 넘친다(요일 1:7-9).

그 결과는 말할 수 없는 기쁨, 곧 에덴동산의 회복이다. 새 하늘과 새 땅의 참된 시작이다. 그것이 교회이다. 이것이 코비에스의 결과이다. 오직 하나님의 말씀이 교회를 만드는 것이다.

3

그렇다면 '코비에스'는 구체적으로 어떻게 하는 것인가?

Koinonia Bible Study

'만남, 듣기, 대화, 응답, 그리고 나눔과 사귐의 해석학'

3.1. 계시의 말씀에 근거한 해석 방법

코비에스는 '귀납적 성경 연구'와 유사한 면이 있지만, 해석학적으로 전제가 다르다. 귀납적 성경 연구는 기본적으로 과학적 분석 방법이다. 그것을 하나님의 '계시'의 말씀인 성경에 그대로 적용하는 것은 무리가 있다. 귀납적 성경 연구는 '관찰, 해석, 적용'의 순서로 진행된다. 관찰과 해석이 제대로 끝나기 전까지는 적용은 부적절하다. 또한, 관찰과 해석이라는 이론적 분석의 단계가 끝나야, 그 이론을 비로소 '적용'하게 된다.

3.2. 인격적 만남의 해석학

코비에스는 해석하는 대상인 성경을 '하나님의' 말씀-계시로 보기 때문에, 근본적으로 인격적인 지식과 만남을 강조하게 된다. 해석의 과정도 과학자가 실험실의 물체나 분석하고자 하는 자연 현상을 대하듯이 관찰-해석-적용의 순서가 아니라, 인격을 만나 상대를 이해하고자 할 때처럼, 만남, 듣기, 대화, 응답의 순차로 진행된다. 단순히 형식적인 차이 같지만 그렇지 않다. 해석학적인 전제의 차이가 결국은 크게 다른 태도와 결과를 가져오기 때문이다. 그렇다면 이제 코비에스의 해석 단계를 하나씩 살펴보기로 하자.

A. 만남(Encounter)

3.3. 관찰이 아니라 만남

과학자가 실험실에 들어가 현미경 아래 네 다리가 묶인 채 죽어 버린 개구리 앞에 설 때 어떤 느낌이겠는가? '이제부터, 이 안에 뭐가 들어 있나 해부해 보자' 그런 생각일 것이다. 이런 경우도 생각해 보자. 당신이 어떤 사람을 소개받았다. 난생처음 보는 사람이다. 약속 장소에 들어선다. 어떤 느낌인가? 성경의 본문을 대할 때, 해석자는 어떤 태도로 접근하는가? 성경해석의 시작이 '관찰'이 아니라 '만남'이라는 사실은, 해석자가 본문을 대하는 태도에 있어서 다소 다른 관점을 가질 것을 요구한다. 개구리는 칼로 자르고 핀셋으로 뜯고, 원하는 곳을 뜯어보면 알고자 하는 것을 다 알게 된다. 하지만 누군가 소개해 주어서 만나게 된 그 사람의 경우는 그렇지 않다. 여기에는 상호작용이 있다. 내가 받는 첫인상이 있지만, 그것이 정말 맞는 것인지 잘 모른다. 오직 시간을 들여, 대화하고, 함께 사귀는 가운데 서로를 점차 알아 가게 될 것이다.

(a) **본문을 읽고 묵상했을 때, 첫인상을 기록하라.**

3.4. 말씀과 해석자가 부딪히는 첫인상

이처럼, 성경 해석자는 단순히 해석하는 자신을 배제시킨 채로 '객관적 관찰'을 할 수 없다. 사람을 만난다면, 상대방도 나에 대해서 첫인상을 갖게 될 것이고, 그도 나에 대해서 조금씩 더 알아 가게 될 것이다. 상호적인 것이다. 우리가 말씀을 대하여 읽고 해석할 때도 이런 현상이 일어난다. 우리는 말씀과 부딪혀 만나면서, 우리에게 일어나는 그 말씀에 대한 '첫인상'을 갖게 된다. 그것이 최초의 만남, 말씀과 해석자인 내가 부딪힌 처음의 자리이다.

3.5. 첫인상의 의미

그리고 말씀과 해석자인 내가 만나 부딪힌 그 첫인상의 자리는, 말씀에 대해서도 무엇인가 중요한 것을 알려 주지만, 동시에 그 말씀을 해석하는 나 자신에 대해서도 매우 중대한 사실들을 알려 준다. 어떤 말씀을 읽으면, '아, 이거, 다 알아' 이런 첫인상을 갖게 된다. 또 다른 말씀은 도무지 읽어도, '이거 뭐지, 무슨 말을 하는 건지, 정말 모르겠네' 이런 인상을 남길 수도 있다. 어떤 말씀은 읽자마자, 해석자에게 큰 위로와 힘을 준다. 다른 말씀은 읽기도 불편하고 '불쾌하며' 더 알아보고 싶은 생각이 나지 않을 수도 있다.

3.6. 말씀과 해석자에 대한 정보

그래서 해석하고자 하는 본문을 읽고 해석자가 갖는 첫인상은, 말씀뿐 아니라, 그 말씀을 읽는 해석자 자신에 대해서 많은 정보를 알려 준다. 어떻게 해서, 빛이신 말씀, 생명의 말씀, 능력의 말씀을 읽었는데도, 마음에 아무런 감흥도, 느낌도, 감각도 없는가? 왜 특별히 어떤 말씀은 듣기도 싫고 읽기도 싫고 마음에 두기도 싫은가? 말씀은 빛이다. 말씀은 그 의미를 스스로 드러내기 전에, 해석자 자신을 조명한다. 그래서 첫인상은 말씀과 해석자 자신 모두에게 중요한 정보들을 제공한다. 말씀과 해석자는 '첫인상'에서 서로 만나게 되는 셈이다. 이제 해석자는 말씀의 빛에 조명을 받기 시작했다. 그것이 기쁜 감정이든, 불쾌한 느낌을 주는 것이든, 만남을 시작한 것이다.

(b) 본문에서 중요하다고 생각되는 단어들, 개념들을 찾아 그 이유를 기록하라.

3.7. 본문과 해석자 안으로 더 깊이

이번 단계는 첫인상을 조금 더 명확하게 파헤치는 것이다.

즉, 말씀과 해석자가 만난 지점을 조금 더 확대하고 명확하게 하는 과정이다. 본문을 읽으면서 중요하다고 판단되는 단어들이나 개념을 잡아내 명확하게 기록하고 설명해 본다. 반복되는 단어가 있다면 강조이다. 인내, 오래 참음, 견디라 등, 인내에 관련된 용어나 개념이 반복된다면 이는 명확히 강조이다. 하지만 같은 단어나 개념도 반복되면서 새로운 측면, 더 풍성한 의미를 띠게 된다. 또한, 주어진 본문을 여러 차례, 깊이 읽고 묵상하다 보면, 그 말씀의 빛 안에서 무언가 명확하게 잡히는 부분이 생긴다. 그 개념은 본문 안에 있는 것이며, 본문의 말씀으로부터 오는 것이지만 또한 해석자 자신에게 부딪혀 오는 내용이다. 이런 식으로 해석자는 본문 안으로 더 깊이, 동시에 해석하는 자기 자신 안으로 더 깊이 들어가게 된다.

3.8. 단순하지만 풍성한 의미

이 단계에서 본문을 장황하게 설명하거나, 주석을 참고해서 설명을 달려고 할 필요가 없다. 어떤 지역을 탐험하기 위해 교두보를 마련하는 것처럼, 본문의 말씀과 해석자가 만나는 견고한 연결점을 찾는 과정이기 때문이다. 그것으로 충분하다.

본문의 말씀이 갖는 의미는 '하나'일 것이다. 하지만 그 '하나'의 의미는 '풍성한' 하나이다. 마치 다이아몬드처럼, 다방면으로, 여러 층과 여러 각도에서 빛을 내는 보석과 같다. 그래서 본문의 의미를 찾기 위해, 소위 '객관적 의미'를 찾으려고 해석자 자신의 관심을 배제할 필요가 없는 것이다. 그럴 수도 없고, 그렇게 하는 것은 해석학적으로 불가능할 뿐 아니라, 유익하지도 않다. 그렇다고 이런 식으로 본문과 해석자의 접점(contact point)을 찾는 것이 주관적 해석으로 떨어지지도 않는다. 그 '접점'은 본문의 말씀으로부터 나오고, 그 말씀의 풍성한 의미의 일부이기 때문이다. 그러므로 첫인상의 단계에서는 해석자가 본문에 다가가는 통로, 본문이 해석자에게 다가오는 통로 즉, '중요한 단어나 개념들'을 본문 안에서 확보하는 것이 중요하다.

3.9. 첫인상부터 시작하는 응답

이렇게 함으로써, 해석자가 본문의 말씀을 만날 때, 소위 귀납법적 성경 연구에서 말하는 '적용'의 과정이 이미 시작된다. '적용'이라는 말은 '이론의 적용'처럼 다소 인위적이다. 코비에스에서는 처음부터 본문에 대한 '응답'이 시작된다고 볼 수 있다. 관찰과 해석 후에야 적용이 오는 것이 아니다. 내가 어떤 사람을 만나, 그 사람에 대해서 알게 된다면, 알게 됨과 동시에 그 사람을 아는 지식에 대한 반응, 응답이 생긴다. 첫인상이 다 맞지 않을 수 있다. 뒤에서 본문의 말씀을 깊이 들은 후에 해석자의 반응이나 응답도 바뀔 수 있다. 하지만 코비에스는 그런 과정 자체를 중시한다. 해석은 만남이고 사귐이기 때문이다.

B. 듣기(Listening)

3.10. 듣기, 해석자의 최고의 덕

이제 해석자는 말씀이 놓인 위치, 그 계시의 말씀을 주신 성경의 저자이신 하나님의 마음자리 쪽으로 움직이기 시작한다. 이것이 '듣기'의 단계이다. 인격과 인격의 사귐에는 의미 있는 만남이 있어야 한다. 참된 만남이 없이는 참된 사귐도 없기 때문이다. 그리고 의미 있는 만남이 있으려면 상대방의 소리를 진실로 '들어야' 한다. '듣기'처럼 해석학에 있어서 중요한 과정은 없다. 누가 능력 있는 해석자, 탁월한 해석자인가? 잘 '듣는' 사람이다. '듣기'를 아주 잘하는 사람이다. 결국 해석학은 해석자의 덕(德)에 관한 것이다. 특별히, '듣기'를 탁월하게 잘하는 덕을 가진 해석자가 되는 것, 그것이 좋은 해석의 필수 요건이다.

(a) 본문(성경 원문) 안의 단어나 구문의 의미, 문법, 문학적 구조 등을 설명하시오.

3.11. 저자이신 하나님의 입장

상대방의 말을 잘 듣고 이해하려면, 그가 어떤 말을 무슨 의미로 사용했는지를 알아야만 한다. 같은 단어라도, 누가 언제 어떤 곳에서 어떤 식으로 사용했는지에 따라 의미가 달라질 수 있다. 그러므로 '듣기'의 단계에서는 철저하게 저자의 입장, 그 본문을 기록한 성경의 저자의 입장, 그 저자를 통해 말씀하신 하나님의 입장에 서 보려고 최대한 자신을 비워야 한다. 가장 수준 낮은 '듣기'는, 듣자마자 섣불리 자기의 생각으로 덧씌워, '아, 그건 그런 의미지!'라고 단정해 버리는 경솔한 태도이다. 그것은 '듣기'가 아니라, 게으르고 섣부른 선입견일 뿐이다.

3.12. 부지런함, 해석자의 필수적인 덕

그러므로 '듣기'를 잘하는 해석자가 되려면 반드시 필요한 '덕'을 갖추어야 하는데, 그것은 다름 아닌 '부지런함'이다. 부지런한 수고가 없으면, 상대방의 말을 진실로 그가 의미한 그대로 '듣기' 어렵다. 일상생활의 대화 속에서, 우리가 그렇게 자주 상대방의 말을 오해하는 이유는 듣기에 부지런하지 못하기 때문이다. 내 중심으로 듣고 쉽게 판단하기 때문이다.

그래서 잘 들으려면, 자신을 비우고 상대방의 입장에 서 보아야 한다. 그가 한 말뿐 아니라, 과거에 했던 말들을 기억해야 한다. 전후 문맥을 함께 듣고 종합적으로 판단해야 한다. 이런 노력이 필요하다. 지금 해석하려는 본문이 그 원래의 문맥에서, 그 원래의 상황에서, 과연 어떤 의미였겠는가를 진지하게 고민해야 하는 것이다.

3.13. 해석은 만남이며 사귐

성경 해석에서 이렇듯, 말씀의 원래 의미를 들으려 노력하는 부지런함을 훈련하는 사람은, 인간관계에서도 그렇게 진지하게 상대의 말을 들으려 할 것이다. 해석은 만남이고 사귐이다. 해석학은 그래서 인간관계 훈련이라 할 수도 있다. 코비에스에서는 이런 식으로, 후에 각 개인의 성경 해석 내용을 서로 '나누는' 과정을 통해서 더욱 온전히 '듣기' 훈련을 이어가게 된다. 말씀을 듣고, 그 말씀을 들은 믿음의 형제들에게 귀 기울이며 또 듣는 훈련의 과정을 통해, 만남과 사귐 속에서 성숙한 인격으로 성장하게 하는 것이다.

3.14. 명확하지 않은 단어의 의미

그러므로 일단 본문을 읽고 명확하지 않은 단어의 의미를 확인해야 한다. 이 경우 국어사전을 사용하는 것보다, 헬라어 (히브리어) 원어사전을 활용하거나 신학사전을 사용하는 것이 적절하다. 한 단어의 의미는, 우선 그 '단어의 발생과 사용된 역사'를 통해 결정되기 때문에 성경 본문의 단어를 놓고 국어사전이나 영어사전을 사용하는 것은 적절할 수가 없는 것이다. 예를 들어, 야고보서 4:4에서 세상의 '벗'이라 할 때, 그 '친구'라는 개념은 1세기 중동 문화를 배경으로 한다. 그 배경을 파악하려면 국어사전이 아니라 성경 배경사전을 사용해야 보다 정확하고 선명하게 이해할 수 있다. 믿음, 덕, 경건, 사랑 등과 같은 용어들도 마찬가지이다. 가능하면 원어사전을 사용하라. 만일 그럴 상황이 되지 않는다면, 관주성경이나 컴퓨터 프로그램들을 통해, 신약 성경 안에서 그 단어가 쓰인 문맥을 모두 찾아서 살펴보고 그 뜻을 짐작하는 편이 유익하다.

또한, 복음서나 사도행전에 많이 나오는 내러티브(이야기)는, 등장인물들의 특징과 사건의 전개를, '누가, 언제, 어디서, 무엇을, 어떻게, 왜'라는 질문들에 답하면서, 세밀하게 살필 필요가 있다. 드라마가 전개되는 것처럼, 기승전결(起承轉結)이나, 뜻밖의 반전(反轉) 등의 이야기의 구도(plot)를 찾는 일에 집중해야 한다. 이것도 문맥의 일종이기 때문에, 전반적으로 문맥의 흐름을 진지하게 살피는 과정으로 볼 수 있다.

3.15. 문법과 구문(syntax)의 이해

본문을 여러 번 읽는 것은 아무리 강조해도 지나치지 않다. 그것이 '듣기'의 핵심이다. 상대방이 한 말은 녹음해서 듣지 않는 한 다시 듣기 어렵지만, 기록된 성경 말씀은 얼마든지 다시 듣기가 가능하다. 과연 저자는 무슨 말, 무슨 메시지, 무슨 의미를 전달하려고 하는 것일까? 본문의 여러 단서를 갖고 생각하고 추론하고 재구성해 보려는 마음을 가져야 한다. 상대를 이해하고자 하는 태도이다.

문법(grammar)적인 요소도 중요하다. 가능하면 본문의 문법적인 요소들을 모두 확인해 보는 것이 옳다. 단수인지 복수인지, 무엇이 무엇을 수식하는지, 무엇이 주어이고 무엇이 주동사인지, 분사는 어떤 용법으로 사용된 것인지, 무엇이 문법적으로 가장 강조되었는지 등을 차분히 살펴야 한다. 이렇게 문법적인 요소들을 명확히 따지면서, 해석자는 저자의 세계 속에 발을 디뎌 놓게 된다. 그 틀 안에 들어가는 것이다. 그리고 그 문법적 구조라는 틀 안에서 생각하기 시작해야 한다. 그것을 벗어나서는 안 되는 셈이다. 이제 비로소 저자가 머무는 집 안에 문을 열고 들어간 것이다.

3.16. 본문 전체의 구조(structure)

이렇게 단어의 명확한 의미, 문법적 틀을 확인하고 나면, 본문의 전체 구조가 조금씩 눈에 들어오기 시작한다. 마치 현관문을 열고 집에 들어가 거실에 서면, 집 안의 전체 구조를 볼 수 있게 되는 것과 같다. 그러므로 보고 또 보고, 듣고 또 들어야 한다. 아직은 손님인 해석자가 스스로 무엇을 느끼는지 크게 주목할 여유가 없다. 보이는 것이 많기 때문이다. 벽과 천장, 이층의 방들은 어디에 위치했는지, 창은 몇 개인지, 어떤 식으로 위치해 있는지 둘러보는 것이다.

이와 같이, 본문 안에도 문학적 구조가 있다. '소망'이라는 단어가 규칙적으로 반복되어, 앞부분과 중간에 그리고 마지막까지 합쳐 세 번 나온다면, 그 본문의 주제는 '소망'일 것이다. 그런 식이다. 주의 깊게 보라. 앞뒤로 반복해서 강조되는 내용이

나 개념이 있을 수 있다. 같은 단어가 아닐지라도, 동일한 개념이 다르게 표현될 수도 있다. 아니면 아주 선명한 대조가 있을 수 있다. '하나님의 아들'과 '악한 자 마귀'가 대조될 수도 있다. 문학적 구조를 파악하는 것은, 집 안을 둘러보고 방, 거실, 부엌, 창문, 그리고 가구들이 어떤 식으로 정렬되어 있는지, 그 균형과 배열을 찾는 것과 같다. 본문을 자세히 읽고, 이런 구조나 이런 구조의 단서들을 발견한다면, 이제 해석자는 저자가 거하는 '의미의 집' 안쪽으로 조금 더 들어간 셈이다. 그 안쪽 방 어딘가에서 '저자'가 '해석자'를 기다리고 있을 것이다. 그런 기대를 가지고 본문을 면밀히 분석하고 또 종합해 보라.

(b) 본문 안의 단어, 표현, 개념의 역사적 배경을 찾아보고 그 의미를 설명하시오.

3.17. 성경사전, 신약(구약) 배경 주석을 통해 역사적 배경 확인

본문을 깊이 '듣기'로 하고 본문을 주의 깊게 살펴보려 할 때, 걸리는 요소들이 생긴다. 그것은 어떤 단어나 상황이 갖는 그 시대 배경을 이해하지 못하면 쉽게 해석할 수 없는 경우이다. 예를 들어, 집을 나가려는 둘째 아들이 '아버지여 재산 중에서 내게 돌아올 분깃을 내게 주소서'(눅 15:12)라고 했을 때, 그

것은 당시 고대 근동 사회에서 어떤 의미였을까? 초기 교회에서 성도들이 함께 모였을 때 누추하게 입은 형제에게 '너는 내 발등상 아래에 앉으라' 했을 때 그 '발등상'은 무엇을 가리키며, 그래서 그 말은 어떤 의미가 되는가?(약 2:3) 베드로전서의 수신자들이 흩어져 살았던 '본도, 갈라디아, 갑바도기아, 아시아와 비두니아'(벧전 1:1)는 어떤 지역들이며 1세기 이전에 어떤 상황에 처해 있었는가? 이런 역사적 배경에 대한 이해는 본문 해석에 필수적이다. 여기서 해석자가 마주한 '본문의 역사적 배경'을 찾는다는 것은, 그 본문을 포함하는 서신서나 복음서 전체의 역사적 배경을 찾는다는 의미가 아니다. 그런 전체적 배경은 당연히 전제되는 것이고, 해석하고자 하는 본문 '안에서' 어떤 단어나 표현 등이 갖는 그 시대적, 역사적 배경과 의미를 알기 위해, '성경사전'이나 '신약(구약) 배경 주석' 등을 찾아보는 수고와 노력이 필요하다.

3.18. 본문의 세 가지 필수적 차원

성경의 본문(text)은, 그 형성과 존재 방식, 의미를 담고 있는 형식에 있어서 세 가지 차원을 갖는다. 곧, 역사적, 문학적, 그리고 신학적 차원이다. 이 세 가지 차원은 종교개혁 이후로 정당한 성경 해석에 있어서 고려해야 할 필수적인 요소들로 간주되어 왔다. 현대에 와서 다양한 해석학적 방법론들이 생겨났지만, 본문이 갖는 이 세 가지 차원, 즉 역사적, 문학적, 그리고 신학적(혹은, 이데올로기적) 차원은 그대로 존속한다. 그러므로 본문 연구를 위해 역사적 차원을 깊이 들여다보는 것은, 본문을 전체적으로, 입체적으로, 온전하게 이해하는 데에 필수적인 과정이다. 한 사람을 이해하는 것도 이와 같다. 그가 살아온 개인의 역사를 돌아보는 것이다. 그 개인의 역사는 그가 살아온 환경과 시대의 역사를 배경으로 그려진 것이다. 그런 역사적 배경과 사건들을 이해한다면, 우리는 그 사람을 훨씬 더 깊이, 종합적으로 이해할 수 있다.

본문 연구도 마찬가지이다. 그 본문이 어떤 역사적 배경 속에서 태어났고, 기록되었는지, 표현들이 담고 있는 역사적 흔적들을 살피는 일은 본문 이해를 훨씬 더 풍성하게 하고, 우리로 하여금 더욱더 저자의 세계 속으로 들어가도록 돕는다. 본문의 단어나 표현의 역사적 배경을 이해하면서 본문 안으로 더 깊이 들어간다는 것은, 그러므로 집 안에 들어가 집 구조를 볼 뿐 아니라, 놓인 가구들, 벽에 걸린 액자, 사진들에 대해 과거의 일을 설명하는 주인의 이야기를 듣는 것과 같다. 이제 집주인, 곧 저자의 세계 가운데로 훨씬 더 가까이 들어가게 된 것이다.

(c) 본문의 문맥, 그리고 이전 문맥과 이후 문맥을 살펴보고, 어떻게 흘러가는지 설명해 보시오.

3.19. 문맥, 저자의 생각의 흐름

문맥, 문맥, 문맥! 성경 해석에 있어서 문맥의 이해만큼 중요한 것이 없을 정도이다. 문맥이란, 글의 흐름, 생각의 흐름, 주제의 흐름, 이야기의 흐름을 이해하는 가장 중요한 단서가 된다. 저자가 A라는 이야기를 하고 B에 관해 말을 꺼낼 때, A와 B 사이에는 어떤 연관성이 있는지를 묻는 것이다. 왜 A라는 이야기 다음에 B라는 이야기가 전개되며, 왜 갑자기 C라는 이야기가 나오는가? 혹은 A라는 주제가 나오고 B가 나온 다음 다시 A라는 주제를 언급하는 이유가 무엇인가? 두 번째로 반복되는 A라는 주제는, 앞서 나온 경우와 어떻게 다른가? 이런 식으로 글의 흐름의 '이유'를 묻는 것이 이번 단계에서 문맥을 살피는 방식이다. 왜 3절 앞에는 2절의 내용이 나오며, 왜 3절 뒤에는 4절의 내용이 뒤따르는가? 그 흐름의 '이유, 논리'가 무엇인가? 이렇게 묻는 것은, 결국 저자의 생각의 흐름, 사상의 흐름이 어떻게 흘러가는지를 묻는 것과 같다. 그래서 문맥의 이해는, 저자의 마음과 뜻을 가장 명확하게 짚어 내는 과정이라 할 수 있다. 본문 해석이 큰 산맥이라면, 여기가 본령(本領)이다. 그만큼 문맥의 이해는 중요하다.

3.20. 문맥의 논리를 재구성

문맥을 이해하고자 할 때, 우선적으로 주어진 본문 '안에서의' 문맥의 흐름을 이해하려고 해야 한다. 우리는 이미 이전 단계에서 필요한 지식을 다 얻었다. 단어의 의미, 문법, 문학적 구조, 그리고 역사적 배경까지 다 살폈다면, 이제는 글의 '흐름'에 주목해야 한다. 왜 저자는 이런 식으로 글의 논지를, 이야기의 전개를 끌고 가는 것일까? 무슨 배경, 무슨 의도가 있는 것일까? 무엇을 강조하고 싶어서 그렇게 하는가?

이런 질문들을 마음에 두고, 저자의 마음, 의도를 '깊이 들어야' 한다. 추측과 상상, 가설과 제안이 허용되지만, 그러한 '문맥의 논리를 재구성'하는 데에는 반드시, 본문 안에 확실한 근거가 있어야만 한다. 본문 자체가 지지하는 문맥의 흐름을 찾도록 애쓰라. 당신은 이제 본문의 중심부에 들어와 있다. 마치, 당신을 초대한 집주인이 당신을 그의 서재로 이끌어, 거기서 차 한잔하며 이야기를 들려주는 것과 같다. 이제 당신은 비단 집 안에 들어온 것도, 집의 구조를 확인한 것도, 벽에 걸린 액자에 대해 이야기를 듣는 정도가 아니다. 집주인과 함께 앉아 그의 이야기를 듣기 시작하는 것이다.

3.21. 더 큰 문맥의 흐름 속에서

상대방이 하는 이야기를 통해 상대방의 생각과 뜻을 잘 헤아리려면, 그 이야기의 흐름을 잘 이해해야 한다. 다시 한 번, 주어진 본문을 이해하는 데 있어, 문맥의 중요성을 강조할 필요가 있다. 주어진 본문 안에 있는 글의 흐름이 어느 정도 파악이 되었다면, 그 본문 전체가 전후 문맥 안에서 어떤 주제를 강조하며, 어떤 역할을 감당하는지를 살펴야 한다. 예컨대, 5-10절이 해석하고자 하는 본문이라면, 1-4절을 살펴서 어떻게 1-4절의 주제나 메시지가 5-10절로 이어지는지를 살피는 것이다. 주목해서 보면, 같은 주제나 주장이 계속 이어질 수도 있고, 다른 주제가 등장해서 연결이 되지만 또 다른 방향으로 전개되기도 한다는 사실을 알게 될 것이다. 또한, 5-10절 뒤에 나오는, 11-17절의 내용이 어떻게 이어지고 또 달라지는지 그 전체 문맥의 흐름을 파악하는 것이다.

3.22. 본문을 문맥에서 분리시키는 위험성

어떤 이야기가 그 전후 문맥 안에서 어떤 위치, 어떤 역할을 하고 있는지를 파악하는 것은, 그 본문의 의미를 '입체적'으로 보게 해 준다. 인물이나 사건, 주장이나 이야기의 전후 문맥을 파악하지 못하면, 단편적으로 이해하기 쉬우며 거기서 오해가 발생한다. 사실, 성경 본문을 그 본문이 위치한 원래의 문맥에서 '분리해 내어' 읽는 방식을 가장 잘하는 자들이 이단(異端)들이다. 거짓 교사들도 이와 같이 한다. 성경 한 구절을 그 전후 문맥에서 떼어 내어, 자신이 이미 갖고 있는 거짓된 사상이나 철학의 체계 안에 끼워 넣어서 그 말씀을 사용하기 때문에, 귀가 얇은 사람은 속기 십상이다. 이처럼, 해석하고자 하는 성경 구절 혹은 문단 전체를 그 원래 놓여 있는 전후 문맥 안에 두고 그 흐름 안에서 읽는 일의 중요성은 아무리 강조해도 지나치지 않다. 이런 식으로 예컨대, 야고보서 3장이 잘 이해되지 않으면 2장과 4장을 연속적으로 읽어 보라. 아니면, 야고보서 전체의 문맥 안에서 그 해당 본문을 읽어 보려고 노력하라. 그것이 성경 저자의 생각과 의도 안에서 그 해당 본문을 이해하는 정도(正道)요 지름길이다.

(d) 성경 안에서, 신약이나 구약의 어떤 본문들과 연관되는지 그 연관성을 찾고 설명해 보시오.

3.23. 성경 전체의 문맥, 하나님의 일관된 계시

이제 좀 더 큰 문맥, 어쩌면 성경이라고 하는 하나님의 '말씀-계시' 전체라는 가장 큰 문맥을 살피는 단계에 이르렀다. 성경을 기록한 인간 저자들은 많지만, 최종 저자는 하나님 자신이시다(벧후 1:21; 딤후 3:16). 우리가 어떤 사람이 한 이야기를 듣고 오해가 생길 수 있다. 하지만 오랫동안 그 사람이 한 말과 행동과 삶을 알고 지켜보았다면, 특정한 경우에 그 사람이 한 말이 설령 선뜻 이해하기 쉽지 않더라도 그것을 오해할 확률이

적다. 그 사람 자신을 알기 때문이다. 그 사람을 잘 알게 된 것은, 오랜 기간 그 사람이 한 말과 행동을 지켜보고 경험했기 때문이다. 성경의 한 본문을 해석하고자 할 때에도 이와 같다. 성경 전체가 한 분 하나님께서 일관되게 행하신 일과 그에 관한 말씀이기 때문이다.

3.24. 신약의 다른 본문들과의 연관성

그래서 주어진 본문을 해석할 때, 그 본문의 어느 구절이 먼저, '신약 안에서' 유사하거나 혹은 그 구절과 동일한 의미를 가진 다른 구절들이 있는지 살펴보는 것은 매우 유익한 작업이다. 바울서신에서 말하는 '행함'과 야고보서가 말하는 '행함'이 겉보기에는 다를 수 있다. 하지만 그 두 사도와 그들의 서신들을 통해 말씀하신 동일한 하나님께서 스스로 충돌하실 수 없다. 실제로, 사도 그 이상의 권위를 갖고 있었던 예루살렘의 주의 형제 야고보와 안디옥을 근거지로 활동했던 사도 바울은, 믿음과 행함의 문제에 있어서 서로 충돌하지 않았다. 서로 화합하고 조화를 이루며 협력했다(행 15장). 또한, 하나님께서 우리를 '진리의 말씀'으로 낳으셨다고 했을 때(약 1:18), '진리의 말씀'은 신약의 다른 곳에서 '복음'을 뜻한다는 사실을 알 수 있다(엡 1:13; 골 1:5; 딤후 2:15; 벧전 1:25). 이런 식이다. 성경의 모든 말씀은 서로 짝이 맞고, 조화된다. 다양하고 서로 다른 측면을 강조하지만 근본적으로 서로 충돌하지 않는다. 저자이신 하나님 자신이 일관되시기 때문이다.

3.25. 약속과 성취

성경의 저자이신 하나님께서 일관되시기 때문에, 신약의 모든 말씀은 구약의 말씀들과도 조화된다. 특별히 구약과 신약이 갖는 관계를 '약속과 성취'의 관계라고 할 수 있다. 구약 안에서도 약속이 있고 그 약속의 성취가 있다. 하지만 하나님의 약속의 '점진적인' 성취는 신약에 이르러서 절정에 도달하게 된다. 그러므로 구약의 어떤 한 본문도, 그 자체만 잘라 내어 읽어서는 충분하지 않다. 그 구약 본문이 그 시대와 상황에 대하여 갖는 의미가 있지만, 그 본문은 그 이전의 본문뿐 아니라, 그 이후에 오는 본문들, 특별히 신약에서 그와 연관되는 본문의 관점에서 재해석될 필요가 있다. 한 분 하나님께서 과거에 행하셨고 약속하셨던 바를, 현재에 성취하시고 다시 미래에 행하실 것으로 새롭게 약속하여 말씀하시기 때문이다.

3.26. 신구약에 나타난 유기적이고 점진적인 계시

우리가 어떤 사람을 이해하고자 하면, 그 사람이 과거에 했던 말이나 약속들을 살펴보면 큰 도움이 된다. 거짓말을 밥 먹듯이 하는 나쁜 정치인이라면 해당 사항이 없겠지만, 신실하고 정직한 사람이 과거에 했던 말이나 써 놓았던 생각을 알면, 그가 지금 행하고 말하는 바를 쉽게 이해할 수 있다. 신약의 어떤 본문을 두고, 그와 명확히 혹은 간접적으로 연관되는 구약의 본문을 살피는 유익이 여기에 있다. "신약은 구약을 드러내고, 구약은 신약 안에 감추어져 있다"(St. Augustine). 마치 동일한 나무의 뿌리와 열매의 관계와 같다. 성경이라는 하나님의 '말씀-계시'의 나무에서, 구약은 그 나무의 몸통과 뿌리라면, 신약은 그 뿌리와 몸통에서부터 피어난 잎사귀들과 화려한 꽃들 그리고 무엇보다 열매에 해당한다. 하나님의 계시는 이처럼 '유기적으로' 통합되어 있고, 약속과 성취의 과정을 통해 '점진적으로' 전개된다. 그래서 신약의 한 본문을 이해하고자 할 때, 그와 직간접으로 연결된 구약의 본문을 배경으로 이해하는 것은, 그 해당 본문을 총체적으로 이해하는 데 있어서 매우 충만한 의미를 제공한다.

3.27. 성경신학적 안목

이런 관점에서 보면, 해석하고자 하는 본문은 성경 안에서 풍성한 '문맥' 안에 존재한다는 사실을 알 수 있다. 인접한 전후 문맥이 있고, 그 본문이 놓인 '장'(chapter) 전후에 놓인 보다 멀리 있는 문맥이 있으며, 그리고 그 본문이 속한 책도 그 전후에 정경적 문맥 안에 놓여 있다. 예를 들면, 베드로전서는 야고보서와 베드로후서의 중간에 위치하는데 그것도 일종의 정경적 '문맥'으로서 중요한 의미를 갖는다.

실제의 성경 본문 해석에 있어서 여기까지 나갈 필요는 드물지만, 해당 본문이 신약의 다른 본문들이나 구약에서 직접적으로 연관되는 본문을 살피는 것은, 계시로서의 성경 전체를 조망하는 성경신학적 안목을 길러 줄 것이다. 하나님께서는 다양하고 풍성하게 말씀하시지만 동시에 일관되고 신실하게 말씀하시기 때문에, 결국 성경의 해당 본문을 이해한다는 것은, 성경신학적 안목을 가질 때에 더욱 안전한 해석을 할 수 있게 됨을 의미한다. 그러므로 '신약의 구약 사용' 연구나 신약과 구약의 약속과 성취의 관계, 연속성과 불연속성의 주제 등을 다루는 성경신학적 연구는, 신약의 한 본문을 이해하는 일에 있어 궁극적으로 크고 견고한 틀이 된다.

3.28. 조직신학과 교회사의 도움

성(聖) 아우구스티누스는, 성경의 난해 구절을 해석할 때, 그것이 '하나님을 사랑하고 이웃을 사랑하라'는 성경 전체의 가르침에 맞는 쪽으로 해석한다면 정확하지 않을지는 모르나 틀리지는 않는다는 식으로 말한 적이 있다. 결국, 하나님 자신을 아는 성경적 지식이 견고할수록, 성경의 한 본문을 해석하려고 할 때 더욱 안전한 해석학적 위치에 서게 된다고 할 수 있다. 여기서 조직신학과 역사신학의 필요성과 유익함을 진지하게 고려하게 된다. 흔히, 성경을 연구하는 사람은 성경을 해석하기 때문에 자신이 발견하는 진리가 '성경적'이라는 확신을 갖기 쉽다. 하지만 반드시 그렇지는 않다. 성경을 해석할 때, 그가 갖고 있는 전제나 선입견이 작동할 수 있고, 그런 전제나 선입견은 매우 서투른 조직신학적 단계일 수 있기 때문이다.

그러므로 성경에 철저히 근거한 조직신학적 지식이 하나님에 대한 올바르고 체계적인 지식을 보장할 때, 그런 조직신학은 성경을 해석하는 데에 있어서 가이드가 되고 유익한 조력자의 역할을 한다. 교회사적 지식도 이와 같다. 교회사를 통해 인준받은 교리들은, 그저 임의적으로 사람들이 정치적으로 정해놓은 것이 아니다. 교회 안에 내주하시며 활동하시는 성령께서 교회를 통해 오랜 시간에 걸쳐 그리고 많은 도전과 논란을 거쳐, 그것이 성경적인 진리임을 확증한 결과이기 때문이다. 그래서 성경 본문을 해석해 놓고, 그 결과를 조직신학적으로 그리고 교회사적으로 점검해 보는 것도 매우 필요하고 유익한 작업이다.

C. 대화(Dialogue)

3.29. 만남에서 일어나는 질문과 반응

앞서 '듣기'의 과정은 기록으로서 주어진 본문을 통해 최대한 알아낼 수 있는 모든 것을 찾아내는 과정이었다. 하지만 해석은 만남이라는 사실을 기억해야 할 필요가 있다. 듣기 과정에서도 해석자는 자신이 발견하게 된 내용들에 대해 자연스럽게 응답하게 되어 있다. 그래서 '응답'의 과정은 해석의 맨 뒤에 갑자기 나오는 것이 아니라, 처음부터 함께한다. 하지만 '듣기'의 단계에서는 가능한 한 해석자의 선입견이나 전제를 배제하고 상대방의 입장을 충분히 이해하려는 노력이 중요했다. 이제는 들은 내용이 해석자 자신에게 부딪혀 오면서 일어나는 질문과 반응에 집중하는 단계에 들어왔다. 해석은 만남이고 사귐이기 때문에, 이러한 말씀과 해석자 간의 상호작용과 교류 속에서 본문은 자신이 가진 의미의 일부를 참으로 '의미 있게' 드러내기 시작하는 것이다.

3.30. 질문은 해석자의 응답의 시작

본문에 귀를 기울이고 잘 듣게 되면, 자연스럽게 질문이 생긴다. 응답이 시작되었기 때문이다. 질문은 본문과 만난 해석자의 응답의 한 방식이다. 가끔씩 본문을 해석하는 사람이 자신을 완전히 배제한 채, 주석가들의 견해에만 의지하는 경우가 있다. 성경 해석은 단순히 지적인 정보를 찾는 작업이 아니다. 본문이 의미한다고 믿어지는 정해진 답을 찾는 과정도 아니다. 만남이다. 본문이 갖는 의미는 '하나'이다. 하지만 그 '하나'의 의미는 '풍성한 하나'이다. 진리는 단순하지만 말할 수 없이 풍성하다.

성경 본문의 의미도 그러하다. '하나님은 사랑이시다'라고 할 때, 그것은 어떤 의미인가? 그 의미는 우선적으로 해당 본문의 전후 문맥에서 찾아질 것이다. 하지만 그 문맥적 의미에 대한 해석도 해석자에 따라 다른 많은 강조점을 가질 수 있다. 본문이 갖는 의미의 폭과 제한은 본문 안에 있지만, 그 제한된 의미가 갖는 다양하고 풍성한 측면은 해석자에 따라 얼마든지 다양하고 폭넓게 나타날 수 있다. 이것이, 교회가 성경을 해석하는 통일성과 풍성함의 근원이다.

3.31. 자신의 질문, 교회의 질문, 시대의 질문

그래서 해석자는 본문의 말씀을 만나면서 자신만의 질문을 하게 된다. 그리고 해야 한다. 해석은 만남이기 때문이다. 해석자의 질문은 해석자 자신만의 것은 아니다. 그가 속한 공동체, 시대, 상황을 대변하는 질문일 수 있다. 루터는, "어떻게 나와 같은 악한 사람이 지극히 선한 하나님을 만날 수 있는가?"라는 유명한 질문으로 성경을 접근했다. 그의 질문은 단지 그 자신만의 질문이 아니라, 금욕주의와 고행(苦行)을 통해서라도 하나님의 은총을 얻고자 온갖 종교적 노력을 다했던 중세의 신앙을 대변하는 질문이었다.

해석자는 본문을 만나면서 자기 속에서 일어나는 자신의 질문을 결코 우습게, 가볍게 여겨서는 안 된다. 성경 본문을 만나서 제기하는 자신의 질문에 답하는 것이, 곧 자신뿐 아니라, 자신이 속한 교회와 사회와 시대에 답하는 것이 될 수도 있기 때문이다. 또한, 거기에 참된 해석, 곧 만남이 존재한다. 하나님의 말씀은 소위 '객관적인 해석'만을 위해 존재하지 않는다. 말씀은 하나님의 백성에게 주어진 것이며, 성령께서는 동일한 말씀을, 오고 오는 세대의 그의 백성에게 주시는 말씀으로 사용하신다.

(a) 본문에서 쉽게 이해되지 않는 주석적, 신학적, 실천적 '문제들'이 있다면 어떤 것인가?

3.32. '엉뚱한 질문'이란 없다

그래서 본문을 자세히 듣고 살피면서 자기 속에서 일어나는 질문을 해야 한다. 특별히, 해석자 자신에게 쉽게 이해되지 않는 문제들을 제기하는 것이 좋다. 남들이 생각할 때는 혹시 어리석고 엉뚱한 질문으로 들릴지 모르나, 자기 자신에게는 꽉 막혀 있는 질문이라면 꼭 해야 한다. 참된 영적 성숙을 가져오는 만남이 되려면, 반드시 '진정성'(authenticity)을 갖추어야 한다. 자기가 존재하지 않는다면 상대도 없는 것이다. 대화란 두 인격 사이에서 일어난다. 해석자가 말씀 앞에서 하나의 진실한 인격으로 뚜렷하게 서 있어야 한다. 거기서 진정성 있는 그 자신만의 질문이 나온다.

이것이 본문과의 만남에서 강조하는 '대화'이다. "엉뚱한 질문이란 존재하지 않는다"는 명언을 기억하라. 그것이 본문의 어떤 단어, 문법, 내용, 개념에 관해 잘 이해되지 않는 부분이든지, 혹은 본문의 내용이나 주장에 관련된 어떤 신학적 주제이든지, 아니면 본문의 내용에 순종하여 실천하고자 할 때 생길 수 있는 문제이든지, 해석자는 진지하고 끈기 있게 자신의 질문을 붙들고 늘어져야 한다. 답을 얻을 때까지, 본문을 다시 살피고, 생각하고, 자료를 찾아보고, 기도하고, 또 묵상해 보아야 한다.

(b) 그 질문들에 대한 '나 자신의 답'은 무엇인가?

3.33. 해석자와 말씀 사이의 해석학적 거리

이 단계에서 기억해야 할 중요한 점이 있다. 그것은 본문에 관해서 자신이 제기한 질문에 대해 자신이 답을 달아야 한다는 것이다. 쉽게 주석 책을 펼치지 말라. 질문이 생각나자마자, 이런 질문에 대해서 다른 주석가들이 무엇이라 말했는지 그 대답을 찾지 말라는 것이다. 그 이전에 먼저, 자신이 스스로 제기한 문제에 대한 답을 찾으려고 노력하고 또 부족한 대로 그 답을 찾아보아야 한다. 왜냐하면 해석이란 '만남'의 과정이고,

그 해석학적 만남은 본문과 해석자 사이의 대화를 포함하기 때문이다.

비유적으로 말하면, 이런 질문과 대답이라는 대화를 통해, 해석자와 본문의 말씀 간의 '해석학적 거리'는 급격히 가까워진다. 이제 해석자는 이런 질문과 대답이라는 대화의 과정을 통해서, 본문 안으로 들어갔다가, 다시 해석자 자신 안으로 들어오고, 다시 본문 안으로 들어가고, 다시 자신에게로 돌아오면서, 말씀과 자신과의 거리를 급격히 좁혀 가게 된다. 그 말씀을 통해 해석자는 자기 자신을 더욱 잘 알게 되고, 그 말씀으로 더욱 밝혀진 해석자 자신은 다시 그 말씀을 더 깊고 정확하게 보게 된다. 둘은 해석학적 지평에서 서로 만나게 되는 것이다.

(c) '(b)의 과정'을 마친 후에, 다른 주석가들의 설명을 찾아보고 자신의 것과 비교 설명하라.

3.34. 다른 해석자들과의 만남과 대화

다시금, 해석은 만남이다. 그런데 해석은 해석자와 본문의 만남일 뿐 아니라, 그 본문을 만난 다른 해석자들과의 만남도 포함한다. 다른 해석자들도 역시 동일한 본문을 상대하여 만난 결과를 갖고 있기 때문에, 해석자인 당신은 당신 자신이 보지 못했거나 접근하지 못한 방식으로 본문을 만나고 알게 된 결과들을 만날 수 있다. 이렇게 함으로써, 해석자는 본문과의 만남을 더욱 풍성하게 할 수 있다. 이런 과정은, 후에 자신의 코비에스를, 코비에스를 한 다른 형제, 자매들과 함께 공동체 안에서 나눌 때에 다시 그 풍성함을 확인하게 해 준다. 지금은, 본문에 관한 다른 주석 책들을 통해서 본문과의 만남을 다면적(多面的)으로 풍성하게 할 수 있는 단계이다.

3.35. 자신의 답변을 먼저 찾는 유익

하지만 실제로 코비에스를 할 때, 처음부터 주석을 참고하지 않기가 쉽지 않은 경우도 있다. 그런 경우, 부분적으로 참고하지만 거기에 목을 매어서는 안 된다고 말하고 싶다. 그것은 어디까지나 다른 주석가들의 견해이다. 당신은 해석자로서 스스로 본문의 말씀을 만나야 한다는 것을 잊지 말라. 이렇게 하는 유익이 크다. 처음부터 다른 주석들을 참고하면서 본문을 해석하는 경우와, 처음에는 자신의 눈과 귀로 본문을 살피고 깊이 듣는 과정을 거친 후에 나중에 가서야 다른 주석들을 참고하는 경우는 크게 차이가 난다.

후자의 경우, 다른 주석들이 무어라고 말하는지 그들의 견해를 간파하는 속도가 매우 빨라진다. 자신이 가서 직접 본 장소를, 거기에 가 본 다른 사람들이 이렇다 저렇다 표현하는 경우, 그것이 자신의 관점에서 맞는지 틀리는지 금방 판단이 서기 때문이다. 그런 경우와 같다. 본문에 대한 자기 자신의 뚜렷한 인상과 해석이 있는 상태에서, 다른 주석가들의 견해를 읽으면, 그들과도 쉽게 대화가 된다. 그들 중 어떤 견해는 당신 자신의 견해와 크게 다르지 않아서, 당신이 했던 해석에 큰 지지를 얻게 될 수도 있다.

반대로, 당신의 해석과는 전혀 다른 방식으로 해석하는 견해를 만날 때, 그것이 과연 당신이 보지 못한 것을 그가 본 것인지 아니면, 당신이 본 것을 그가 보지 못한 것인지 쉽게 드러난다. 그런 것이다. 그러므로 해석자인 당신이 먼저, 직접 본문을 만나는 것이 중요하다. 그래야, 그 본문을 만난 다른 견해들과도 훨씬 수월하게 대화할 수 있고, 그런 유익한 대화를 통해서 당신 자신의 해석이 더욱 풍성해지게 된다. 자신의 해석이 먼저 있어야, 다른 이들의 해석이 도움이 된다. 자신의 해석이 처음부터 없다면, 다른 이들의 해석도 크게 도움이 되지 못한다. '있는 자는 더 있게 되고, 없는 자는 가진 것도 빼앗기리라'는 말씀의 '원리'를 여기에 적용하면 지나친 일일까.

(d) 본문이 주는 핵심 메시지는 무엇인지, 자신의 말로 정리해서 설명해 보라.

3.36. 원래의 청중을 향한 핵심 메시지

이제 해석자는 본문과의 만남, 듣기, 그리고 대화의 과정을 지나서, 본문이 주는 핵심 메시지를 정리하는 단계에 왔다. 본문은 그래서 무슨 말을 하려고 하는 것인가? 무엇을 전달하려고 하는 것인가? 이 '핵심 메시지'는 일차적으로 본문이 기록되어 전달된 수신자를 염두에 둔 내용이어야 한다. 여기서 설교를 꺼내는 것이 아니다. 여기서는 우선적으로, 본문이 원래의 청중에게 전하고자 했던 메시지를 꺼내서 정리해야 한다. 하지만 그것이 당시의 청중을 대상으로 한 것이라도, 이미 해석자를 통해서 알아진 내용이고 의미이기 때문에 지금의 청중에게도 상당한 의미가 있다. 중요한 것은, 본문이 전달하고자 하는 '핵심' 메시지를 찾고, 그 핵심 메시지에 연관된 '부차적' 의미나 주제들, 메시지들을 정리하는 것이다. 이제 해석자는, 집의 문을 열고 들어왔을 뿐 아니라, 집의 구조를 보았고, 벽에 걸린 액자들과 가구들도 다 살폈으며, 드디어 주인과 함께 마주 앉아 대화를 나누었다. 그리고 그 집주인의 마음으로부터 나오는 핵심적인 이야기를 들었다. 그것을 요약해서 정리하는 것이다.

3.37. 자신의 말과 표현으로

본문의 핵심 메시지를 요약, 정리하는 것은 본문에 있는 단어들을 재배열하거나, 표피적인 내용을 대략 요약하는 것이 아니다. '해석된' 의미를 전달하는 것이다. 그러므로 본문의 해석된 의미를 '자신의 말과 표현'으로 할 수밖에 없다. '번역'(translation)하는 것이며, 본문의 의미를 '설명'하는 것이다. 그 말씀의 빛 가운데서 보게 된 것들을 중심으로, 본문 안에 담겨진 의미들을 꺼내어 펼쳐 보이며, 그것을 자신의 말로 표현하는 단계이다.

D. 응답(Response)

3.38. 응답 없는 심령은 죽은 것

본문의 의미와 메시지를 요약하는 단계는 이미 응답으로 넘어오는 과정을 포함하고 있다. 앞에서도 강조했지만, 코비에스에서 본문에 대한 응답은 말씀을 만나기 시작한 처음부터 시작된다. 말씀의 빛 가운데 노출되고, 그 말씀의 생명 안에 거하면서부터 해석자 안에는 자연스럽게 그 말씀에 대한 응답이 발생한다. 찬송하고 싶을 수도 있다. 어떤 경우는, 찬송부터 나온다. 더 이상 묵상과 듣기가 진행이 되지 않을 정도로, 감사와 찬

송에 깊이 머물러 있는 경우도 있다. 혹은, 전혀 진전이 없이 꽉 막힌 채로 말씀의 벽 앞에 서 있는 경우도 있다.

말씀이 빛이고 생명이라면, 그리고 그 말씀을 대하는 해석자의 심령이 도리어 굳어지고 무감각한 채로 전혀 반응이 없다면, 그 말씀은 오히려 그 해석자에게 절실한 내용일 수 있다. 하나님은 말씀으로 세상을 지으셨고, 그 아들은 오셔서 말씀으로 치유하시고 살리기도 하셨다. 생명의 말씀을 대하고도 아무런 반응이 없는 심령은 오직 죽은 심령뿐이다.

3.39. 성경 해석의 결과는 신적 성품의 성장

그러므로 말씀을 읽어도 아무런 반응도 없는 심령의 상태도, 매우 중요한 응답의 형태이다. 혈액 검사를 하면 몸 상태가 나오듯, 말씀의 빛에 비추임을 받으면 우리의 영적 심령의 상태가 그대로 드러난다. '살았고 영영히 서는 말씀'에 전혀 반응하지 않는 심령의 현상은, 그 심령을 부여잡고 엎드려 통곡해야 할 때임을 알려 준다. 성경 해석을 다한 후에, 그 해석의 전 과정을 지나온 해석자의 마음에, 하늘의 빛이 더 가득 차고, 그래서 그의 깊고 편만한 어둠과 무지(無知)와 완악함이 더 가차 없이 폭로되고, 그래서 더욱더 성령의 치유와 생명이 뜨겁게 활동하고, 결국 그 말씀의 진리의 그 의로움과 선함과 거룩함과 온전함이 더욱 그의 심령을 깨뜨리고 견고하게 함이 없다면, 그 해석자는 전혀 하나님의 말씀을 해석한 것이 아니다.

성경 해석의 결과는 이론이 아니라, 신적 성품의 변화이다. 해석자의 영적, 지적, 정서적, 의지적 변화이다. 성경 말씀을 해석하기 전과 후에 그의 존재와 삶이 근본적으로 다른 변화를 겪게 된 것, 그것이 성경 해석의 결과이고, 본문 해석에 대한 마땅한 응답이다. 성경 해석의 결과는 그래서 주석 책이 아니라, 우리의 존재와 삶인 것이다. 왜냐하면 해석은 만남이고 사귐이기 때문이다. 하나님을 만나고 그분과 사귀면서, 변하지 않을 수 있는 사람은 없다.

(a) **하나님 아버지, 예수 그리스도, 성령 하나님에 대해 깨닫게 된 것을 설명하라.**

3.40. 삼위 하나님을 만남

말씀을 만나는 과정에서, 가장 중요한 응답은, 삼위 하나님을 알게 된 그 지식에 대한 우리의 전 존재적, 전인격적 응답이다. 말씀의 저자를 만나게 된 사실, 만나서 그분에 대하여 조금이라도 더 새롭게 알게 된 그 진리에 주목해야 한다. 그러므로 성경 본문을 해석하고 난 후에, 가장 많이 남는 내용은, 하나님 자신에 관한 살아 있는 지식의 심화(深化) 혹은 확장(擴張)이어야 한다. 본문의 말씀은, 하나님에 대하여 무엇을 가르치는가?

무엇을 새롭게 알려 주는가? 무엇을 더욱 분명하게 드러내는가? 이런 질문이 핵심이다.

3.41. 반성문이 아닌 만남의 기록

실제로 성경 본문을 해석하고 나서, '반성문'을 쓰는 경우가 많다. 말씀을 해석한 결과가, '그래서 앞으로는 이렇게 해야겠다'라든지, '그래서 이런 것이 잘못된 것이니, 이렇게 고쳐야겠다' 이런 식으로 응답하기 쉽다. 그런 내용들도 필요하다. 하지만 우선적으로, 본문은 과연 '하나님이 어떤 분이시며, 무엇을 하셨고, 무엇을 하고 계시며, 무엇을 하실 것인지'에 대하여 어떤 내용을 드러내 보여 주는지에 집중해야 한다. 해석은 만남이기 때문이다. 우리가 어떤 사람을 만나서, 제일 먼저 갖는 인상은, '그 사람의 어떠함'이다. 만남과 사귐이 이루어진 상태이기 때문이다. 그 사람이 어떤 사람인지 알게 되면, 자연스럽게 그에 맞는 응답을 하게 되어 있다.

그러므로 본문 해석의 결과, 혹은 응답으로서 삼위 하나님을 아는 지식의 응답이 있어야 한다. 어떤 학생은, 본문에서 '아버지 하나님'이라는 단어에 깊은 충격을 받았다. 수없이 들어 왔던 그 칭호가, 이번에는 전혀 다르게, 그를 새로운 차원으로 이끌었다. 그를 참으로 '아버지' 하나님 안으로 이끌었던 것이다. 그의 응답은, 하나님이 이제 그의 '아버지'라는 것이었다. 그가 앞으로 무엇을 어떻게 행하여야 할지는 모두, 이런 진정한 만남을 통해서 이루어질 것이다.

3.42. 진정성, 만남과 성장의 필수 요소

사람의 성장에는, 영적 성장도 그러하거니와, '진정성'(authenticity)이 결정적인 역할을 한다. 참된 만남은 진정성을 전제로 한다. 말씀은 언제나 진실하다. 해석자가 진실한 마음을 갖고 말씀을 만나려 할 때, 거기에 진실된 만남을 통한 참된 지식이 생긴다. 인간은, 하나님 아버지를 만나 그의 자녀로 다시 태어나지 않으면, 일평생, 죄와 죽음과 허무의 노예로 살아간다. 일생에 매여 죽음에 종노릇하는 것이다. 그래서 우리가 하나님의 자녀 된 후에도, 우리는 여전히 '무엇을 해야 하는지'에 집착한다. 물론 믿음에 합당한 행실을 해야 한다. 하지만 그런 합당한 행실은, 살아 계신 하나님과의 참된 만남과 사귐, 참된 지식과 사랑을 통해서 나온다. 성경 해석이 주는 가장 큰 은혜로운 선물은, 살아 계신 하나님을 만나며 그와 사귀게 하고 거기서 참된 지식과 사랑을 더하게 한다는 것이다.

(b) 나 자신과 교회, 이웃, 세상에 대해 깨닫게 된 것과 실천할 바를 설명하라.

3.43. 연결된 관계, 연결된 만남

말씀을 통해 하나님과 만나는 그 사귐은 필연적으로 다른 사귐들, 곧 나 자신과의 사귐, 이웃과의 사귐, 세상과의 사귐에 연결되어 있다. 하나님을 만나고 그분을 알면, 나 자신을 만나고 나 자신을 알게 된다. 이웃을 새롭게 보게 되고, 세상을 다시 보게 된다. 하나님을 아는 지식이 다른 모든 관계에 대한 지식의 근본이다. 하나님을 새롭게 알게 되면, 그런 시각으로 나 자신을 새롭게 보지 않을 수 없다. 예컨대, 하나님께서 나를 위하여 그 아들을 보내시고 십자가 죽음으로 내주셨다는 사실을 알면, 내가 나를 보는 관점을 바꾸지 않을 수 없다. 주께서 위하여 죽으신 형제라는 관점으로 성도를 보면, 그들을 대하는 나의 모든 태도가 달라진다. 하나님께서 창조주시고 심판주라는 사실을 확신하면, 세상에 넘치는 악(惡)과 악인들에 대해 어떤 태도를 취해야 하는지가 결정된다. 그런 것이다. 하나님에 대한 참된 지식은, 우리로 하여금 다른 모든 관계 속에서 어떻게 살아야 할지를 가르쳐 준다.

3.44. 응답은 만남과 해석의 연속

성경 해석은 이론을 낳고, 우리는 그 이론을 현실에 '적용'하는 것이 아니다. 성경 해석 자체가 만남이고, 이 말씀과의 만남, 말씀을 통해서 만나게 된 하나님과 나 자신과 이웃, 세상과의 새로운 사귐은 지속적으로 삶으로 이어진다. 해석의 첫 단계에서부터 응답이 시작되고, 그 말씀에의 응답은 해석이 끝나도 지속된다. 해석이 만남이라면, 말씀을 통해 깨닫게 된 내용을 삶으로 옮겨 행동하고 살아 보는 과정도 만남의 계속이요, 해석의 연속이다. 그러므로 우리가 말씀에 '응답한다'고 할 때, 그것은 그 말씀을 행함과 삶 속에서 지속적으로 그 말씀과 '만나는 해석'의 과정을 의미한다. '해석'이 끝난 후에, 그 해석을 '적용'하는 것이 아니다. 삶으로 응답하는 과정 자체가 새로운 해석의 발판이다. 말씀은 우리가 그 말씀을 전 존재로 만남과 사귐으로써 알아지고 이해되는 것이기 때문이다.

3.45. 정통교리와 정통실천

전통적으로 '정통교리'(Orthodoxy)는 많이 강조되었지만 '정통실천'(Orthopraxy)은 간과된 측면이 있다. 행위는 늘 교리의 부차적인 적용처럼만 생각되었다. 하지만 성경의 교리는 교회와 분리되어 존재하지 않는다. 교리를 신앙으로 고백하고 삶으로 보전하는 신앙 공동체 없이 교리는 보존되지 못한다. 성경 말씀의 해석이 '만남'이라면, 우리는 '지적인' 해석 과정에서

뿐 아니라, 기도를 통해서, 찬송을 통해서, 순종과 행함을 통해서도 역시 말씀과 '만나고 사귈 수 있다'는 사실을 알게 된다. 성경 해석이 말씀과의 만남과 사귐을 통해 얻어진다면, 말씀에 순종하고 살아 보고, 잘 안 되면 또 기도하고, 성령의 도우심과 은혜를 받아 다시 순종해 보고, 그래서 열리는 새로운 '말씀과의 만남'의 차원에 도달하게 됨을 알 수 있다. 그러므로 말씀에 '응답'하는 실천의 과정은, 해석의 끝이 아니라, 시작이며 계속이다.

3.46. 응답과 실천을 통한 해석학적 순환

이런 식으로, 말씀의 해석은 순환한다. 즉, 말씀을 지적으로 해석하면서, 우리의 영과 감성과 의지가 함께 말씀을 만나게 된다. 그리고 우리는 그 말씀의 해석을 삶으로 옮겨, 이제는 우리의 의지와 감성과 인격 전부를 동원해서, 그 말씀이 인도하는 길로 따라가게 된다. 그러면 우리는 우리가 예측했던 곳이 아니라, 오직 그 말씀이 인도한 그 목적지에 도달하게 된다. 그것이 말씀의 참된 해석이다. 이런 면에서, 말씀에 응답하는 과정은, 실로 우리로 하여금 말씀의 참된 이해로 이끌어 줄 수 있다. 앞선 듣기와 대화의 과정은 모두, 말씀 해석의 예비적 단계라고까지 할 수 있을 정도이다. '네 원수를 사랑하라'는 말을 아무리 철저히 해석한들, 실제로 '나의 원수를 사랑하기 위해' 몸부림쳐 순종하는 방식으로 말씀을 이해한 해석을 따라가기 어렵다.

3.47. 반(反)지성주의의 위험

하지만 반지성주의는 위험하다. 오직 신앙적, 신비적 경험과 체험만을 강조하는 것은, 성경 해석에 있어서 말과 마차의 위치를 뒤바꾸어 놓은 경우와 같다. 지식적 판단과 분석과 이해가 없으면 우리의 감성과 의지는 쉽게 방향을 잃기 때문이다. 지적인 이해 그 자체가 결단코, 영적인 지식과 감성적인 납득, 그리고 의지적 순종을 통해 주어지는 이해를 대치할 수 없지만, 말씀 해석에 있어서 우선적인 역할, 예비적인 역할을 한다는 사실은 중요하다. 성경 해석에 있어서, 이러한 균형과 온전함을 유지하는 것이 유익하다.

(c) 본문의 메시지를 전달하려면, 누구에게, 무슨 내용을, 어떻게 전달하겠는가?

3.48. 나눔은 생명과 사랑의 본질

성경 해석은 말씀과의 만남이고 사귐이다. 만나서 새롭고 사귀어서 기쁘면, 그것을 말하지 않을 수 없다. 빛도, 사랑도, 생명도, '나눔'을 본질로 삼는다. 우리는 기쁘면 나누려 한다. 생명은 나눔으로써 존재한다. 사랑도 나누지 않을 수 없다. 본질이 그러하기 때문이다. '생명의 말씀'과 사귀는 사귐은, 그래서 본질상 나눔을 통해 그 기쁨이 충만하게 된다(요일 1:1-4). 말씀을 만나고, 말씀을 듣고, 말씀을 통해 대화하고, 그 말씀에 응답한다는 것은, 그러므로 자연스럽고 그 말씀을 또한 다른 사람들과 함께 나눔을 포함한다.

3.49. 나눔은 해석의 연장

나눔도 또 다른 형태의 만남이요 사귐이다. 이번에는, 믿음의 형제요 자매들과 말씀과 성령을 통해 만나고 사귀는 단계이다. 혹은, 전혀 하나님을 알지 못하는 사람과의 만남과 사귐을 시도하는 것이다. 그것은 말씀과의 만남과 사귐의 연장이다. "우리가 보고 들은 바를 너희에게도 전함은 너희로 우리와 사귐이 있게 하려 함이니, 우리의 사귐은 아버지와 그의 아들 예수 그리스도와 더불어 누림이라. 우리가 이것을 씀은 우리의 기쁨이 충만하게 하려 함이라"(요일 1:3-4). 나눔이 만남의 연속이라면, 이 역시 말씀 해석의 연장이요 일부라고 할 수 있다. 그러므로 성경 말씀의 해석은, 책상에서 끝나지 않는다. 주석 책에 머물지 않는다. 그 말씀을 만나 이해하고 그 말씀의 빛과 생명을 받은 해석자가 그 말씀의 빛과 생명을 다른 이들과 나눔으로써, 그 나눔의 과정을 통해 더욱 충만하게 되는 빛과 생명의 충만 속에서, 말씀을 또다시 새롭게 만나게 된다. 말씀의 해석은 이런 식으로, 만남, 듣기, 대화, 응답의 과정을 통해 순환하며 더욱 깊어지고 더욱 확대된다.

3.50. 먹고 살아나라고 주신 말씀

코비에스의 마지막 단계에서, 말씀을 통해 얻은 빛과 생명이 필요한 사람을 떠올리는 것은 더없이 중요하다. 말씀은 주석 학자들을 위해 주어진 것이 아니라, 죽어 가는 사람들을 위해 주어진 것이기 때문이다. 말씀을 주신 원래 의도는, 그 말씀을 먹고 '살라'는 것이다. 먹고 치유받고 살아나 온전해지라고 주신 말씀이다. 그러므로 내가 말씀 속에서 얻은 빛과 생명, 거룩과 의, 진리와 은혜를 누구에게 주어야 할까를 생각하는 것은 자연스럽고 당연하다. 내 주변에 있는 그 누가 이 생수(生水)를 가장 필요로 할지를 떠올려 보라. 그가 바로, 주께서 그 말씀을 통해 마음에 품으신 사람이다. 그러므로 우리도 그 사람을 마음에 품어야 한다. 그리고 전해야 한다.

3.51. 친절함, 말씀을 전하는 자의 덕

무슨 내용을 어떻게 전할지는 어렵지 않다. 나눔도 전하는 것도 또 다른 방식의 만남이요 사귐이기 때문이다. 해석자가 이미 말씀과 만나 주님과 사귀었듯이, 해석의 과정에서 다른 주석가들을 만나 그들과 사귀었듯이, 그렇게 '진정성'을 가지고 전하면 된다. 보지 않은 것, 듣지 못한 것을 전할 수 없다. 보고 들은 것, 만지고 맛보고 알게 된 말씀의 생명을 흘려 보내는 것이다. 말씀을 들을 때에, '부지런함'이 필요했다면, 말씀을 전하는 사람에게 필요한 덕(德)은 사랑, 곧 '친절함'이다.

3.52. 말씀과의 만남과 사귐으로의 초대

친절함은, 설교자의 덕이다. 복음 전파자는 복음을 전하는 자의 형편과 상황, 처지와 상태에 귀 기울여야 한다. 나눔도 만남임을 다시 생각해 보라. 만남에서 가장 중요한 것은 듣기이다. 말하기 전에 먼저, 내가 이 말씀을 전해야 할 그 대상의 마음, 그 대상에 깊이 귀를 기울여 들어야 한다. 청중이 '해석'되어야, 청중을 진정으로 만날 수 있다. 그리고 해석자였던 당신은 이제 전달자로서, 말씀과 청중 사이에 서야 한다. 가장 좋은 방식은, 말씀과의 만남과 사귐 속으로 청중을 초대해서, 더욱 풍성한 만남과 사귐을 만들어 내는 것이다.

3.53. 나눔과 기쁨, 코비에스의 절정

그러므로 코비에스의 마무리는 나눔이다. 만남과 사귐은 나눔을 통해 그 기쁨과 충만함이 온전함에 이르게 된다. '사랑'은 하나님에게서 시작해서, 말씀이신 그 아들을 통해 전달되어, 드디어 교회 공동체 안에 거함으로써 그 온전함에 이르게 된다. 아버지의 사랑과 아들의 생명이 가득한 공동체, 그것이 나눔의 공동체 곧 교회이다. 교회는 그러므로 그 중심에, 말씀이신 아들이 있어야 한다. 그 말씀을 중심으로 하나님과 만나고, 자기 자신과 만나고, 믿음의 가족들과 만나고, 그리고 함께 세상과 만나기 시작할 때, 거기에 참된 코이노니아의 공동체가 생긴다. 말씀의 빛과 생명이 막힘없이 흐르는 공동체, 흘러서 구석구석 충만하게 되는 공동체를 꿈꾸라. 그런 참된 사귐의 공동체가 세상을 이긴다.

부록

코비에스 질문지 양식(서신서)

코비에스 질문지 양식(내러티브)

기초참고문헌

Koinonia Bible Study 질문지

"말씀이 내 안에, 내가 말씀 안에 오래도록 머물게 하라."

"본문을 주의 깊게, 여러 차례, 무언가 깨달아질 때까지 생각하며 읽으라."

A. 만남(Encounter)

(a) 본문을 읽고 묵상했을 때, 첫인상을 기록하라.

(b) 본문에서 중요하다고 생각되는 단어들, 개념들을 찾아 그 이유를 기록하라.

B. 듣기(Listening)

(a) 본문(성경 원문) 안의 단어나 구문의 의미, 문법, 문학적 구조 등을 설명하시오.

(b) 본문 안의 단어, 표현, 개념의 역사적 배경을 찾아보고 그 의미를 설명하시오.

(c) 본문의 문맥, 그리고 이전 문맥과 이후 문맥을 살펴보고, 어떻게 흘러가는지 설명해 보시오.

(d) 성경 안에서, 신약이나 구약의 어떤 본문들과 연관되는

지 그 연관성을 찾고 설명해 보시오.

C. 대화(Dialogue)

(a) 본문에서 쉽게 이해되지 않는 주석적, 신학적, 실천적 '문제들'이 있다면 어떤 것인가?

(b) 그 질문들에 대한 '나 자신의 답'은 무엇인가?

(c) '(b)의 과정'을 마친 후에, 다른 주석가들의 설명을 찾아보고 자신의 것과 비교 설명하라.

(d) 본문이 주는 핵심 메시지는 무엇인지, 자신의 말로 정리해서 설명해 보라.

D. 응답(Response)

(a) 하나님 아버지, 예수 그리스도, 성령 하나님에 대해 깨닫게 된 것을 설명하라.

(b) 나 자신과 교회, 이웃, 세상에 대해 깨닫게 된 것과 실천할 바를 설명하라.

(c) 본문의 메시지를 전달하려면, 누구에게, 무슨 내용을, 어떻게 전달하겠는가?

Koinonia Bible Study 질문지

"말씀이 내 안에, 내가 말씀 안에 오래도록 머물게 하라."

"본문을 주의 깊게, 여러 차례, 무언가 깨달아질 때까지 생각하며 읽으라."

A. 만남(Encounter)

(a) 본문을 읽고 묵상했을 때, 첫인상을 기록하라.

(b) 본문에서 중요하다고 생각되는 단어들, 개념들을 찾아 그 이유를 기록하라.

B. 듣기(Listening)

(a) 등장인물들과 사건에 대해, 즉 누가, 어디서, 언제, 무엇을, 어떻게, 왜에 따라 설명하시오.

(b) 본문 안의 단어, 표현, 개념의 역사적 배경을 찾아보고 그 의미를 설명하시오.

(c) 본문의 문맥, 그리고 이전 문맥과 이후 문맥을 살펴보고, 어떻게 흘러가는지 설명해 보시오.

(d) 성경 안에서, 신약이나 구약의 어떤 본문들과 연관되는

지 그 연관성을 찾고 설명해 보시오.

C. 대화(Dialogue)

(a) 본문에서 쉽게 이해되지 않는 주석적, 신학적, 실천적 '문제들'이 있다면 어떤 것인가?

(b) 그 질문들에 대한 '나 자신의 답'은 무엇인가?

(c) '(b)의 과정'을 마친 후에, 다른 주석가들의 설명을 찾아보고 자신의 것과 비교 설명하라.

(d) 본문이 주는 핵심 메시지는 무엇인지, 자신의 말로 정리해서 설명해 보라.

D. 응답(Response)

(a) 하나님 아버지, 예수 그리스도, 성령 하나님에 대해 깨닫게 된 것을 설명하라.

(b) 나 자신과 교회, 이웃, 세상에 대해 깨닫게 된 것과 실천할 바를 설명하라.

(c) 본문의 메시지를 전달하려면, 누구에게, 무슨 내용을, 어떻게 전달하겠는가?

기초참고문헌

채영삼. 『공동서신의 신학: '세상 속의 교회', 그 위기와 해법』. 이레서원. 2017.

_____. 『거짓 교사와 신적 성품: 베드로후서의 이해』. 이레서원. 2017.

_____. "현대 성경 해석학과 신약의 구약 사용 연구 방법론 고찰." 〈백석신학저널〉 24권 봄호 (2013): 151-174.

_____. "신학(神學)과 '신적 성품(性品)': 베드로후서 1:1-11에 따른 신학의 의미." 〈성경과 신학〉 62 (2012): 253-296.

_____. "너희 마음에 떠오르기까지: 베드로후서 1:19에 나타난 '기다림'의 해석학." 〈신약연구〉 10/3 (2011): 689-730.

박윤선. 『성경신학 』. 영음사. 2001.

게할더스 보스. 『성경신학』. 원광연 역. 크리스천다이제스트. 2005.

그랜트 오즈번. 『해석학적 나선형으로 풀어 가는 성경 해석학 총론』. 임요한 역. 부흥과개혁사. 2017.

케빈 J. 밴후저. 『이 텍스트에 의미가 있는가?』. 김재영 역. 한국기독학생회. 2008.

MEMO

베드로후서 1:19-21

또 우리에게는 더 확실한 예언이 있어
어두운 데를 비추는 등불과 같으니
날이 새어 샛별이 너희 마음에 떠오르기까지
너희가 이것을 주의하는 것이 옳으니라
먼저 알 것은 성경의 모든 예언은 사사로이 풀 것이 아니니
예언은 언제든지 사람의 뜻으로 낸 것이 아니요
오직 성령의 감동하심을 받은 사람들이 하나님께 받아 말한 것임이라

MEMO

요한일서 1:1-10

태초부터 있는 생명의 말씀에 관하여는 우리가 들은 바요

눈으로 본 바요 자세히 보고 우리의 손으로 만진 바라

이 생명이 나타내신 바 된지라 이 영원한 생명을 우리가 보았고 증언하여

너희에게 전하노니 이는 아버지와 함께 계시다가 우리에게 나타내신 바 된 이시니라

우리가 보고 들은 바를 너희에게도 전함은 너희로 우리와 사귐이 있게 하려 함이니

우리의 사귐은 아버지와 그의 아들 예수 그리스도와 더불어 누림이라

우리가 이것을 씀은 우리의 기쁨이 충만하게 하려 함이라

우리가 그에게서 듣고 너희에게 전하는 소식은 이것이니 곧 하나님

은 빛이시라 그에게는 어둠이 조금도 없으시다는 것이니라

MEMO

만일 우리가 하나님과 사귐이 있다 하고 어둠에 행하

면 거짓말을 하고 진리를 행하지 아니함이거니와

그가 빛 가운데 계신 것 같이 우리도 빛 가운데 행하면

우리가 서로 사귐이 있고

그 아들 예수의 피가 우리를 모든 죄에서 깨끗하게 하실 것이요

만일 우리가 죄가 없다고 말하면

스스로 속이고 또 진리가 우리 속에 있지 아니할 것이요

만일 우리가 우리 죄를 자백하면 그는 미쁘시고 의로우사

우리 죄를 사하시며 우리를 모든 불의에서 깨끗하게 하실 것이요

만일 우리가 범죄하지 아니하였다 하면

하나님을 거짓말하는 이로 만드는 것이니

또한 그의 말씀이 우리 속에 있지 아니하니라

MEMO